Die Industriegesellschaft und ihre Zukunft
Theodore John Kaczynski

Theodore John Kaczynski

Die
Industriegesellschaft
und ihre Zukunft

Industrial Society and Its Future (ISAIF)

Zweite Auflage

Bibliografische Information der Deutschen Nationalbibliothek:
Die Deutsche Nationalbibliothek verzeichnet diese
Publikation in der Deutschen Nationalbibliografie;
detaillierte bibliografische Daten sind im Internet
über http://dnb.dnb.de abrufbar.

Zweite Auflage

Herausgeber der deutschen Übersetzung:
isaif.kontakt@proton.me

Verlag: BoD · Books on Demand GmbH, Überseering 33, 22297 Hamburg, bod@bod.de
Druck: Libri Plureos GmbH, Friedensallee 273, 22763 Hamburg

ISBN: 978-3-7693-6816-1

Anmerkung zur Zweiten Auflage

Die erste Auflage dieser Übersetzung entstand in enger Zusammenarbeit mit einigen von Kaczynskis engsten Vertrauten. Für die hier vorliegende zweite Auflage wurden Verbesserungsvorschläge von Lesern eingearbeitet, die Kaczynskis Werk noch klarer zum Ausdruck bringen.

Die Abschnitte sind wie im englischen Original fortlaufend nummeriert. Die hochgestellten Zahlen verweisen auf die Anmerkungen, die in dieser Auflage ab Seite 113 zu finden sind.

Die im Text mehrfach verwendete Abkürzung »FC« ist das Pseudonym, unter dem ISAIF erstmals 1995 veröffentlicht wurde.

Markus
Mai, 2025

Weitere Titel von Theodore John Kaczynski:

Technological Slavery
Anti-Tech Revolution: Why and How

Inhaltsverzeichnis

Vorwort zu
Die Industriegesellschaft
und ihre Zukunft

Vorwort zu
Die Industriegesellschaft
und ihre Zukunft

ISAIF (Englisch: *Industrial Society and Its Future*) wurde erstmals 1995 von der *Washington Post* veröffentlicht. Leider wurde die Version der *Washington Post* nachlässig transkribiert und offenbar nie Korrektur gelesen. Infolgedessen war das, was gedruckt wurde, voller Fehler, einschließlich des Auslassens von Teilen von Sätzen und sogar ganzer Sätze. Innerhalb der nächsten Monate wurden mehrere andere Versionen von ISAIF in gedruckter Form oder im Internet veröffentlicht, aber alle basierten in erster Linie auf der Version der *Washington Post*, und die Verleger schrieben die Version der *Washington Post* ebenso nachlässig ab, wie die *Washington Post* das Original abgeschrieben hatte, so dass zu den Fehlern der *Washington Post* noch weitere hinzukamen. Jedes Mal, wenn ISAIF umgeschrieben wurde, kamen weitere Fehler hinzu. Das hatte zur Folge, dass ISAIF in verstümmelter Form weit verbreitet wurde, während das Original öffentlich nicht verfügbar war. Im Jahr 2008 erschien schließlich eine fast korrekte Version von ISAIF in einer Sammlung meiner Schriften mit dem Titel *The Road to Revolution*, die vom Schweizer Verlag Xenia veröffentlicht wurde. 2010 veröffentlichte Feral House in den Vereinigten Staaten unter dem Titel *Technological Slavery* eine verbesserte Version von *The Road to Revolution*, die die erste wirklich korrekte Version von ISAIF enthielt, die öffentlich zugänglich wurde. Es ist diese Version, die hier erscheint.

Mit ISAIF habe ich sicherlich nicht alles vorausgesehen; seit 1995 musste ich meine Ansichten in mehrfacher Hinsicht ändern. Aber im Allgemeinen hat dieses kleine Buch den Test der Zeit bestanden. Ich bekomme oft Briefe von Leuten, die mir sagen, dass es heute aktueller denn je ist, und vielleicht werden viele Leser dem zustimmen. Dennoch lohnt es sich, hier auf einige der wichtigsten Irrwege von ISAIF hinzuweisen.

Erstens habe ich in den Abschnitten 163, 171-77 über die Zukunft der technologischen Gesellschaft spekuliert. Ich denke, dass diese Spekulationen keinen Wert mehr haben; sie wurden durch das zweite Kapitel meines Buches *Anti-Tech Revolution: Why and How* überholt.

Zweitens habe ich in den Abschnitten 4, 167 sowie in den Anmerkungen 31, 32 die Möglichkeit in Betracht gezogen, dass die technologische Gesellschaft durch einen allmählichen Prozess des Zusammenbruchs und der Auflösung beseitigt werden könnte. Ich halte einen solchen Verlauf jedoch für so unwahrscheinlich, dass er nicht in Betracht gezogen werden muss. Die technologische Gesellschaft kann einen allmählichen Verfallsprozess durchlaufen, aber nur so lange, bis ein Punkt erreicht ist, an dem die lebenswichtigen Systeme, die die Gesellschaft am Laufen halten, auf einmal zusammenbrechen; so wie ein menschlicher Körper durch eine lange Krankheit verfallen kann, bis er einen Punkt erreicht, an dem seine lebenswichtigen Systeme alle gleichzeitig zusammenbrechen, so dass er stirbt.

Drittens habe ich in Abschnitt 154 und Anmerkung 29 die Möglichkeit erwogen, dass eines Tages fortgeschrittene Techniken eingesetzt werden könnten, um Kinder zu identifizieren, die kriminell werden könnten, und ihre kriminellen Tendenzen durch eine Kombination von psychologischen und biologischen Behandlungen zu unterdrücken. Dies könnte in einer begrenzten Anzahl von Einzelfällen tatsächlich geschehen, aber ich halte es nicht mehr für wahrscheinlich, dass dies in großem Umfang geschieht. Es scheint nun klar zu sein, dass Techniken zur Kontrolle menschlichen Verhaltens in großem Maßstab nur sehr schwer anwendbar sind, wenn diese Techniken eine individuelle Entscheidungs-findung durch die Personen erfordern, die sie anwenden. Viel wirksa-mer sind Techniken, die auf die Bevölkerung im Allgemeinen und ohne Unterscheidung zwischen einzelnen Personen angewandt werden kön-nen, wie etwa die Techniken der Propaganda. Wenn es jemals zu einer individualisierten Verhaltenskontrolle in großem Maßstab kommen soll-te, wird dies wahrscheinlich durch ausgeklügelte Computerprogramme geschehen, die auf individuelle Unterschiede reagieren, ohne dass eine individualisierte Entscheidungsfindung durch Menschen erforderlich ist.

Viertens habe ich in Abschnitt 139 geschrieben: »Es ist denkbar, dass unsere Umweltprobleme... eines Tages durch einen vernünftigen, um-fassenden Plan gelöst werden... .« Bei einigen Umweltproblemen könn-te dies der Fall sein, wie es im Falle des Ozonabbaus geschehen ist. Aber ich glaube nicht mehr, dass es überhaupt eine Chance gibt, dass *alle* un-sere wichtigsten Umweltprobleme eines Tages weltweit durch einen ra-tionalen, umfassenden Plan gelöst werden. Siehe Kapitel Zwei von *Anti-Tech Revolution*.

Ted Kaczynski
Februar 2021

Die Industriegesellschaft
und ihre Zukunft

Die Industriegesellschaft und ihre Zukunft

Einleitung

1. Die industrielle Revolution und ihre Folgen waren eine Katastrophe für die Menschheit. Sie haben die Lebenserwartung derjenigen von uns, die in »fortschrittlichen« Ländern leben, stark erhöht, aber sie haben die Gesellschaft destabilisiert, das Leben unerfüllt gemacht, die Menschen gedemütigt, zu weitverbreitetem psychischen Leid (in der Dritten Welt auch zu physischem Leid) geführt und der Natur schweren Schaden zugefügt. Die weitere Entwicklung der Technologie wird die Situation verschlimmern. Sie wird mit Sicherheit die Menschen noch mehr Demütigungen aussetzen und der Natur noch mehr Schaden zufügen, sie wird wahrscheinlich zu größeren gesellschaftlichen Verwerfungen und psychischem Leid führen, und sie kann sogar in »fortschrittlichen« Ländern zu größerem körperlichen Leid führen.

2. Das industriell-technologische System könnte überleben oder es könnte zusammenbrechen. Wenn es überlebt, *könnte* es irgendwann eine Situation geringen physischen und psychischen Leids erreichen, aber erst nach einer langen und sehr schmerzhaften Anpassungsphase und nur um den Preis, dass der Mensch und viele andere Lebewesen dauerhaft auf technisierte Produkte und bloße Rädchen in der gesellschaftlichen Maschine reduziert werden. Wenn das System überlebt, sind die Konsequenzen unvermeidlich: Es gibt keine Möglichkeit, das System zu reformieren oder zu verändern, um zu verhindern, dass es

den Menschen ihre Würde und Autonomie raubt.

3. Wenn das System zusammenbricht, werden die Folgen immer noch sehr schmerzhaft sein. Aber je größer das System wird, desto katastrophaler werden die Folgen seines Zusammenbruchs sein. Wenn es also zusammenbricht, sollte es besser früher als später zusammenbrechen.

4. Wir plädieren daher für eine Revolution gegen das industrielle System. Diese Revolution kann mit oder ohne Gewalt durchgeführt werden; sie kann plötzlich erfolgen oder ein relativ allmählicher Prozess sein, der sich über einige Jahrzehnte erstreckt. All das können wir nicht vorhersagen. Aber wir skizzieren in sehr allgemeiner Form die Maßnahmen, die diejenigen, die das industrielle System hassen, ergreifen sollten, um den Weg für eine Revolution gegen diese Gesellschaftsform vorzubereiten. Dies soll keine *politische* Revolution sein. Ihr Ziel wird es nicht sein, Regierungen zu stürzen, sondern die wirtschaftliche und technologische Grundlage der gegenwärtigen Gesellschaft.

5. In diesem Artikel gehen wir nur auf einige der negativen Entwicklungen ein, die sich aus dem industriell-technologischen System entwickelt haben. Andere derartige Entwicklungen erwähnen wir nur kurz oder ignorieren sie gänzlich. Das bedeutet nicht, dass wir diese anderen Entwicklungen für unwichtig halten. Aus praktischen Gründen müssen wir uns auf Bereiche beschränken, die in der Öffentlichkeit zu wenig Beachtung gefunden haben oder zu denen wir etwas Neues zu sagen haben. Da es zum Beispiel gut entwickelte Umwelt- und Wildnisbewegungen gibt, haben wir nur sehr wenig über Umweltzerstörung oder die Zerstörung der wilden Natur geschrieben, obwohl wir diese Themen für sehr wichtig halten.

Die Psychologie der modernen Linken

6. Fast jeder wird zustimmen, dass wir in einer zutiefst gestörten Gesellschaft leben. Eine der am weitesten verbreiteten Manifestationen der Verrücktheit unserer Welt ist die politische Linke, daher kann eine

Diskussion über die Psychologie der Linken als Einführung in die Diskussion über die Probleme der modernen Gesellschaft im Allgemeinen dienen.

7. Was aber ist links? In der ersten Hälfte des 20. Jahrhunderts konnte die Linke praktisch mit dem Sozialismus gleichgesetzt werden. Heute ist die Bewegung zersplittert, und es ist nicht klar, wer wirklich als Linker bezeichnet werden kann. Wenn wir in diesem Artikel von Linken sprechen, denken wir vor allem an Sozialisten, Kollektivisten, »politisch Korrekte«, Feministen, Schwulen- und Behindertenaktivisten, Tierrechtler und dergleichen. Aber nicht jeder, der mit einer dieser Bewegungen verbunden ist, ist ein Linker. Bei der Diskussion über die Linke geht es weniger um eine Bewegung oder eine Ideologie als vielmehr um einen psychologischen Typus, oder vielmehr um eine Sammlung verwandter Typen. Was wir also mit »links« meinen, wird sich im Laufe unserer Diskussion über die linke Psychologie deutlicher zeigen. (Siehe auch die Abschnitte 227-230.)

8. Dennoch wird unsere Auffassung der Linken weit weniger klar bleiben, als wir es uns wünschen, aber das lässt sich wohl nicht vermeiden. Alles, was wir hier versuchen, ist, die beiden psychologischen Neigungen, von denen wir glauben, dass sie die Hauptantriebskraft der modernen Linken sind, grob und annähernd zu beschreiben. Wir erheben keineswegs den Anspruch, die *ganze* Wahrheit über die Psychologie der Linken zu sagen. Außerdem soll sich unsere Diskussion nur auf die moderne Linke beziehen. Wir lassen die Frage offen, inwieweit unsere Diskussion auf die Linke des 19. und frühen 20. Jahrhunderts anwendbar ist.

9. Die beiden psychologischen Tendenzen, die der modernen Linken zugrunde liegen, nennen wir *Gefühle der Minderwertigkeit* und *Übersozialisierung*. Gefühle der Minderwertigkeit sind charakteristisch für die moderne Linke insgesamt, während die Übersozialisierung nur für ein bestimmtes Segment der modernen Linken charakteristisch ist. Dieses Segment ist jedoch sehr einflussreich.

Gefühle der Minderwertigkeit

10. Mit »Gefühle der Minderwertigkeit« meinen wir nicht nur Minderwertigkeitsgefühle im engeren Sinne, sondern ein ganzes Spektrum damit verbundener Eigenschaften: geringes Selbstwertgefühl, Gefühle der Machtlosigkeit, depressive Tendenzen, Defätismus, Schuldgefühle, Selbsthass usw. Wir argumentieren, dass moderne Linke dazu neigen, einige dieser Gefühle zu haben (möglicherweise mehr oder weniger unterdrückt) und dass diese Gefühle entscheidend für die Richtung der modernen Linken sind.

11. Wenn jemand fast alles, was über ihn (oder über Gruppen, mit denen er sich identifiziert) gesagt wird, als abwertend interpretiert, schließen wir daraus, dass er Minderwertigkeitsgefühle oder ein geringes Selbstwertgefühl hat. Diese Tendenz ist bei Aktivisten für Minderheitenrechte ausgeprägt, unabhängig davon, ob sie den Minderheitengruppen angehören, deren Rechte sie verteidigen. Sie sind überempfindlich gegenüber den Begriffen, mit denen Minderheiten bezeichnet werden, und gegenüber allem, was über Minderheiten gesagt wird. Die Begriffe »negro«, »oriental«, »handicapped« oder »chick« für einen Afrikaner, einen Asiaten, eine behinderte Person oder eine Frau hatten ursprünglich keine abwertende Konnotation. »Broad« und »chick« waren lediglich die weiblichen Äquivalente von »guy«, »dude« oder »fellow«. Die negativen Konnotationen wurden diesen Begriffen von den Aktivisten selbst beigefügt. Einige Tierrechtler sind sogar so weit gegangen, das Wort »pet« (Haustier) abzulehnen und darauf zu bestehen, dass es durch »animal companion« (Tiergefährte) ersetzt wird. Linke Anthropologen tun alles, um zu vermeiden, dass irgendetwas über primitive Völker gesagt wird, das als negativ interpretiert werden könnte. Sie wollen das Wort »primitiv« durch »schriftlos« ersetzen. Sie scheinen geradezu paranoid gegenüber allem zu sein, was darauf hindeuten könnte, dass irgendeine primitive Kultur unserer eigenen unterlegen ist. (Wir wollen damit *nicht* andeuten, dass primitive Kulturen der un-

seren unterlegen sind. Wir weisen lediglich auf die Überempfindlichkeit linker Anthropologen hin.)

12. Diejenigen, die am empfindlichsten auf »politisch unkorrekte« Terminologie reagieren, sind nicht der durchschnittliche schwarze Ghettobewohner, asiatische Einwanderer, misshandelte Frauen oder Behinderte, sondern eine Minderheit von Aktivisten, von denen viele nicht einmal einer »unterdrückten« Gruppe angehören, sondern aus privilegierten Gesellschaftsschichten kommen. Die politische Korrektheit hat ihre Hochburg unter Universitätsprofessoren, die einen sicheren Arbeitsplatz mit angenehmen Gehältern haben und von denen die Mehrheit heterosexuelle weiße Männer aus Familien der Mittel- und Oberschicht sind.

13. Viele Linke identifizieren sich stark mit den Problemen von Gruppen, die das Image haben, schwach (Frauen), unterlegen (Indianer), abstoßend (Homosexuelle) oder anderweitig minderwertig zu sein. Die Linken selbst empfinden diese Gruppen als minderwertig. Sie würden sich nie eingestehen, dass sie solche Gefühle haben, aber gerade weil sie diese Gruppen als minderwertig ansehen, identifizieren sie sich mit deren Problemen. (Wir wollen damit *nicht* andeuten, dass Frauen, Indianer usw. minderwertig seien; wir wollen nur auf die Psychologie der Linken hinweisen.)

14. Feministen sind verzweifelt bemüht zu beweisen, dass Frauen genauso stark und fähig sind wie Männer. Offensichtlich werden sie von der Angst geplagt, dass Frauen vielleicht *nicht* so stark und fähig sind wie Männer.

15. Linke neigen dazu, alles zu hassen, was das Image hat, stark, gut und erfolgreich zu sein. Sie hassen Amerika, sie hassen die westliche Zivilisation, sie hassen weiße Männer, sie hassen Rationalität. Die Gründe, die Linke für ihren Hass auf den Westen usw. angeben, entsprechen offensichtlich nicht ihren wahren Motiven. Sie *sagen*, dass sie den Westen hassen, weil er kriegerisch, imperialistisch, sexistisch, ethnozentrisch usw. ist, aber wo dieselben Fehler in sozialistischen Ländern oder

in primitiven Kulturen auftreten, findet der Linke Entschuldigungen dafür, oder er gibt bestenfalls *zähneknirschend* zu, dass sie existieren; wohingegen er *enthusiastisch* auf diese Fehler hinweist (und oft stark übertreibt), wenn sie in der westlichen Zivilisation auftreten. Es ist also klar, dass diese Fehler nicht das eigentliche Motiv des Linken sind, Amerika und den Westen zu hassen. Er hasst Amerika und den Westen, weil sie stark und erfolgreich sind.

16. Wörter wie »Selbstvertrauen«, »Eigenständigkeit«, »Initiative«, »Unternehmungsgeist«, »Optimismus« usw. spielen im linken Wortschatz kaum eine Rolle. Der Linke ist anti-individualistisch, pro-kollektivistisch. Er will, dass die Gesellschaft die Probleme aller löst, die Bedürfnisse aller befriedigt und sich um sie kümmert. Er ist nicht die Art von Mensch, die ein inneres Vertrauen in seine Fähigkeit hat, seine eigenen Probleme zu lösen und seine eigenen Bedürfnisse zu befriedigen. Der Linke steht dem Konzept des Wettbewerbs ablehnend gegenüber, weil er sich tief im Inneren als Verlierer fühlt.

17. Kunstformen, die moderne linke Intellektuelle ansprechen, neigen dazu, Elend, Niederlagen und Verzweiflung in den Mittelpunkt zu stellen, oder sie nehmen einen orgiastischen Ton an, indem sie die rationale Kontrolle über Bord werfen, als ob es keine Hoffnung gäbe, etwas durch rationales Kalkül zu erreichen und als ob alles, was übrig bliebe, darin bestünde, in die Empfindungen des Augenblicks einzutauchen.

18. Moderne linke Philosophen neigen dazu, Vernunft, Wissenschaft und objektive Realität abzulehnen und darauf zu bestehen, dass alles kulturell relativ ist. Es stimmt, dass man ernsthafte Fragen zu den Grundlagen wissenschaftlicher Erkenntnis stellen kann und dazu, wie, wenn überhaupt, der Begriff der objektiven Realität definiert werden kann. Aber es ist offensichtlich, dass moderne linke Philosophen nicht einfach kühle Logiker sind, die systematisch die Grundlagen des Wissens analysieren. Sie sind in ihrem Angriff auf Wahrheit und Realität emotional tief verstrickt. Sie greifen diese Begriffe aufgrund ihrer eige-

nen psychologischen Bedürfnisse an. Zum einen ist ihr Angriff ein Ventil für Feindseligkeit, und in dem Maße, wie er erfolgreich ist, befriedigt er den Drang nach Macht. Noch wichtiger ist, dass der Linke Wissenschaft und Rationalität hasst, weil sie bestimmte Überzeugungen als wahr (d. h. erfolgreich, überlegen) und andere Überzeugungen als falsch (d. h. gescheitert, minderwertig) einstufen. Die Gefühle der Minderwertigkeit des Linken gehen so tief, dass sie keine Klassifizierung einiger Dinge als erfolgreich oder überlegen und anderer Dinge als gescheitert oder minderwertig dulden können. Dies ist auch der Grund dafür, dass viele Linke das Konzept der Geisteskrankheit und den Nutzen von IQ-Tests ablehnen. Linke lehnen genetische Erklärungen menschlicher Fähigkeiten oder Verhaltensweisen ab, weil solche Erklärungen dazu neigen, einige Personen anderen gegenüber als überlegen oder unterlegen erscheinen zu lassen. Linke ziehen es vor, der Gesellschaft die Anerkennung oder die Schuld für die Fähigkeiten oder das Fehlen der Fähigkeiten des Einzelnen zu geben. Wenn eine Person also »minderwertig« ist, ist es nicht ihre Schuld, sondern die der Gesellschaft, weil sie nicht richtig erzogen wurde.

19. Der Linke gehört nicht zu der Sorte Mensch, deren Gefühle der Minderwertigkeit ihn zu einem Angeber, Egoisten, Tyrannen, Selbstdarsteller oder rücksichtslosen Konkurrenten machen. Diese Art von Mensch hat den Glauben an sich selbst nicht völlig verloren. Er hat ein Defizit in seinem Macht- und Selbstwertgefühl, aber er kann sich immer noch vorstellen, dass er die Fähigkeit hat, stark zu sein, und seine Bemühungen, sich stark zu machen, führen zu seinem unangenehmen Verhalten.[1] Aber der Linke ist darüber schon hinaus. Seine Gefühle der Minderwertigkeit sind so tief verwurzelt, dass er sich selbst nicht als individuell stark und wertvoll begreifen kann. Daher der Kollektivismus des Linken. Er kann sich nur als Mitglied einer großen Organisation oder einer Massenbewegung stark fühlen, mit der er sich identifiziert.

20. Beachten Sie die masochistische Tendenz der linken Taktiken. Linke protestieren, indem sie sich vor Fahrzeuge legen, sie provozieren

absichtlich Polizisten oder Rassisten, sie zu misshandeln, usw. Diese Taktiken mögen oft wirksam sein, aber viele Linke verwenden sie nicht als Mittel zum Zweck, sondern weil sie masochistische Taktiken *bevorzugen*. Selbsthass ist ein Wesenszug der Linken.

21. Linke können behaupten, dass ihr Aktivismus durch Mitgefühl oder moralische Prinzipien motiviert ist, und moralische Prinzipien spielen für Linke des übersozialisierten Typs durchaus eine Rolle. Aber Mitgefühl und moralische Prinzipien können nicht die Hauptmotive des linken Aktivismus sein. Feindseligkeit ist eine zu starke Komponente des linken Verhaltens, ebenso wie das Streben nach Macht. Darüber hinaus ist ein Großteil des linken Verhaltens nicht rational kalkuliert, um den Menschen zu nützen, denen die Linken vorgeben, helfen zu wollen. Wenn man zum Beispiel glaubt, dass »affirmative action« (positive Diskriminierung) gut für Schwarze ist, ist es dann sinnvoll, »affirmative action« in feindseliger oder dogmatischer Form zu fordern? Offensichtlich wäre es produktiver, einen diplomatischen und versöhnlichen Ansatz zu wählen, der zumindest verbale und symbolische Zugeständnisse an die Weißen machen würde, die der Meinung sind, dass »affirmative action« sie diskriminiert. Aber linke Aktivisten verfolgen einen solchen Ansatz nicht, weil er ihre emotionalen Bedürfnisse nicht befriedigen würde. Schwarzen Menschen zu helfen, ist nicht ihr eigentliches Ziel. Stattdessen dienen ihnen Rassenprobleme als Vorwand, um ihre eigene Feindseligkeit und ihr frustriertes Machtbedürfnis auszudrücken. Damit schaden sie den Schwarzen, denn die feindselige Haltung der Aktivisten gegenüber der weißen Mehrheit verstärkt tendenziell den Rassenhass.

22. Wenn unsere Gesellschaft überhaupt keine sozialen Probleme hätte, müssten die Linken Probleme als Vorwand *erfinden*, um einen Aufstand zu veranstalten.

23. Wir betonen, dass das Vorstehende nicht den Anspruch erhebt, eine genaue Beschreibung aller Personen zu sein, die als Linke betrachtet werden könnten. Es handelt sich lediglich um einen groben Hinweis

auf eine allgemeine Tendenz der Linken.

Übersozialisierung

24. Psychologen verwenden den Begriff »Sozialisation«, um den Prozess zu bezeichnen, durch den Kinder dazu gebracht werden, so zu denken und zu handeln, wie es die Gesellschaft verlangt. Ein Mensch gilt als gut sozialisiert, wenn er an den moralischen Kodex seiner Gesellschaft glaubt, ihn befolgt und sich als funktionierender Teil dieser Gesellschaft gut einfügt. Es mag unsinnig erscheinen zu behaupten, dass viele Linke übersozialisiert sind, da Linke als Rebellen wahrgenommen werden. Dennoch lässt sich dieser Standpunkt verteidigen. Viele Linke sind nicht so rebellisch, wie sie scheinen.

25. Der Moralkodex unserer Gesellschaft ist so anspruchsvoll, dass niemand völlig moralisch denken, fühlen und handeln kann. Wir sollen zum Beispiel niemanden hassen, und doch hasst fast jeder irgendwann einmal jemanden, ob er es sich eingesteht oder nicht. Manche Menschen sind so stark sozialisiert, dass der Versuch, moralisch zu denken, zu fühlen und zu handeln, für sie eine schwere Belastung darstellt. Um Schuldgefühle zu vermeiden, müssen sie sich selbst ständig über ihre eigenen Motive täuschen und moralische Erklärungen für Gefühle und Handlungen finden, die in Wirklichkeit einen nicht-moralischen Ursprung haben. Wir verwenden den Begriff »übersozialisiert«, um solche Menschen zu beschreiben.[2]

26. Übersozialisierung kann zu einem geringen Selbstwertgefühl, einem Gefühl der Ohnmacht, Defätismus, Schuldgefühlen usw. führen. Eines der wichtigsten Mittel, mit denen unsere Gesellschaft Kinder sozialisiert, besteht darin, ihnen das Gefühl zu geben, sich für ein Verhalten oder eine Äußerung zu schämen, die den Erwartungen der Gesellschaft zuwiderlaufen. Wenn dies übertrieben wird oder wenn ein bestimmtes Kind besonders anfällig für solche Gefühle ist, schämt es sich am Ende dafür, wie es *selbst* ist. Außerdem sind die Gedanken und

das Verhalten des übersozialisierten Menschen stärker durch die Erwartungen der Gesellschaft eingeschränkt als die des leicht sozialisierten Menschen. Die Mehrheit der Menschen verhält sich in erheblichem Maße unanständig. Sie lügen, begehen kleine Diebstähle, verstoßen gegen die Straßenverkehrsordnung, trödeln bei der Arbeit, hassen jemanden, sagen boshafte Dinge oder wenden einen hinterhältigen Trick an, um dem anderen einen Schritt voraus zu sein. Der übersozialisierte Mensch kann diese Dinge nicht tun, oder wenn er sie doch tut, erzeugt er in sich ein Gefühl der Scham und des Selbsthasses. Der übersozialisierte Mensch kann nicht einmal ohne Schuldgefühle Gedanken oder Gefühle empfinden, die der akzeptierten Moral zuwiderlaufen; er kann keine »unreinen« Gedanken denken. Und Sozialisation ist nicht nur eine Frage der Moral; wir werden sozialisiert, um uns an viele Verhaltensnormen anzupassen, die nicht unter die Rubrik Moral fallen. So wird der übersozialisierte Mensch an einer psychologischen Leine gehalten und verbringt sein Leben damit, auf den Schienen zu laufen, die die Gesellschaft für ihn festgelegt hat. Bei vielen übersozialisierten Menschen führt dies zu einem Gefühl von Zwang und Ohnmacht, das eine große Belastung darstellen kann. Wir sind der Meinung, dass die Übersozialisierung zu den schlimmsten Grausamkeiten gehört, die sich Menschen gegenseitig zufügen.

27. Wir argumentieren, dass ein sehr wichtiges und einflussreiches Segment der modernen Linken übersozialisiert ist und dass ihre Übersozialisierung von großer Bedeutung für die Richtung der modernen Linken ist. Linke des übersozialisierten Typs sind in der Regel Intellektuelle oder Mitglieder der oberen Mittelschicht. Man beachte, dass die Universitätsintellektuellen[3] das am stärksten sozialisierte Segment unserer Gesellschaft und auch das am stärksten linke Segment darstellen.

28. Der Linke des übersozialisierten Typs versucht, sich von seiner psychologischen Leine zu befreien und seine Autonomie durch Rebellion zu beweisen. Aber in der Regel ist er nicht stark genug, um sich gegen die grundlegendsten Werte der Gesellschaft aufzulehnen. Im

Allgemeinen stehen die Ziele der heutigen Linken *nicht* im Konflikt mit der akzeptierten Moral. Im Gegenteil, die Linke macht sich einen anerkannten moralischen Grundsatz zu eigen und wirft dann der Mehrheitsgesellschaft vor, gegen diesen Grundsatz zu verstoßen. Beispiele: Rassengleichheit, Gleichberechtigung der Geschlechter, Hilfe für arme Menschen, Frieden statt Krieg, Gewaltlosigkeit im Allgemeinen, Meinungsfreiheit, Tierliebe. Noch grundsätzlicher: Die Pflicht des Einzelnen, der Gesellschaft zu dienen, und die Pflicht der Gesellschaft, für den Einzelnen zu sorgen. All dies sind seit langem tief verwurzelte Werte unserer Gesellschaft (oder zumindest ihrer Mittel- und Oberschicht[4]). Diese Werte werden in den meisten Inhalten, die uns von den Mainstream-Kommunikationsmedien und dem Bildungssystem präsentiert werden, explizit oder implizit ausgedrückt oder vorausgesetzt. Linke, vor allem die übersozialisierten, rebellieren in der Regel nicht gegen diese Grundsätze, sondern rechtfertigen ihre Feindseligkeit gegenüber der Gesellschaft mit der (bis zu einem gewissen Grad zutreffenden) Behauptung, dass die Gesellschaft diesen Grundsätzen nicht gerecht wird.

29. Hier ist ein Beispiel dafür, wie der übersozialisierte Linke seine tatsächliche Verbundenheit mit den konventionellen Einstellungen unserer Gesellschaft zeigt, während er vorgibt, gegen sie zu rebellieren. Viele Linke drängen auf »fördernde Maßnahmen« [affirmative action], auf die Beförderung von Schwarzen in gehobene Berufe, auf bessere Bildung in schwarzen Schulen und mehr Geld für solche Schulen. Die Lebensweise der schwarzen »Unterschicht« betrachten sie als gesellschaftliche Schande. Sie wollen den Schwarzen in das System integrieren, ihn zu einem Geschäftsmann, einem Anwalt, einem Wissenschaftler machen, genau wie die Weißen der oberen Mittelschicht. Die Linken werden entgegnen, dass das Letzte, was sie wollen, ist, den schwarzen Mann zu einer Kopie des weißen Mannes zu machen; stattdessen wollen sie die afroamerikanische Kultur bewahren. Worin aber besteht diese Bewahrung der afroamerikanischen Kultur? Sie kann kaum in etwas anderem bestehen als darin, afroamerikanisches Essen zu essen,

afroamerikanische Musik zu hören, afroamerikanische Kleidung zu tragen und in eine Kirche oder Moschee der Schwarzen zu gehen. Mit anderen Worten: Sie kann sich nur in oberflächlichen Dingen ausdrücken. In allen *wesentlichen* Punkten wollen die meisten Linken des übersozialisierten Typs den Schwarzen an die Ideale der weißen Mittelschicht anpassen. Sie wollen ihn dazu bringen, technische Fächer zu studieren, eine Führungskraft oder ein Wissenschaftler zu werden, sein Leben damit zu verbringen, die Statusleiter zu erklimmen, um zu beweisen, dass Schwarze genauso gut sind wie Weiße. Sie wollen, dass schwarze Väter »verantwortungsbewusst« werden, dass schwarze Gangs gewaltfrei werden usw. Aber das sind genau die Werte des industriell-technologischen Systems. Dem System ist es egal, welche Musik ein Mann hört, welche Kleidung er trägt oder an welche Religion er glaubt, solange er die Schule besucht, einen respektablen Job hat, die Karriereleiter hinaufklettert, ein »verantwortungsbewusster« Elternteil ist, gewaltfrei ist und so weiter. So sehr er es auch leugnen mag, der übersozialisierte Linke will den Schwarzen in das System integrieren und ihn dazu bringen, dessen Werte zu übernehmen.

30. Wir behaupten gewiss nicht, dass Linke, auch nicht die Übersozialisierten, *niemals* gegen die Grundwerte unserer Gesellschaft rebellieren. Natürlich tun sie das manchmal. Einige übersozialisierte Linke sind so weit gegangen, dass sie gegen eines der wichtigsten Prinzipien der modernen Gesellschaft rebellieren, indem sie physische Gewalt anwenden. Nach eigener Aussage ist Gewalt für sie eine Form der »Befreiung«. Mit anderen Worten: Indem sie Gewalt ausüben, durchbrechen sie die psychologischen Fesseln, die ihnen antrainiert wurden. Da sie übersozialisiert sind, waren diese Zwänge für sie einschränkender als für andere; daher haben sie das Bedürfnis, sich von ihnen zu befreien. Sie rechtfertigen ihre Rebellion jedoch in der Regel mit den Mainstreamwerten der Gesellschaft. Wenn sie gewalttätig werden, behaupten sie, sie würden gegen Rassismus oder Ähnliches kämpfen.

31. Wir sind uns darüber im Klaren, dass gegen die vorstehende Skizze der linken Psychologie viele Einwände erhoben werden könnten. Die tatsächliche Situation ist komplex, und eine annähernd vollständige Beschreibung würde mehrere Bände in Anspruch nehmen, selbst wenn die erforderlichen Daten verfügbar wären. Wir behaupten, nur sehr grob die beiden wichtigsten Tendenzen in der Psychologie der modernen Linken aufgezeigt zu haben.

32. Die Probleme der Linken sind bezeichnend für die Probleme unserer Gesellschaft als Ganzes. Geringes Selbstwertgefühl, depressive Tendenzen und Defätismus sind nicht auf die Linke beschränkt. Obwohl sie in der Linken besonders auffällig sind, sind sie in unserer Gesellschaft weit verbreitet. Und die heutige Gesellschaft versucht, uns in größerem Maße zu sozialisieren als jede frühere Gesellschaft. Wir bekommen sogar von Experten gesagt, wie wir essen, wie wir uns körperlich betätigen, wie wir Liebe machen, wie wir unsere Kinder erziehen sollen und so weiter.

Der Power Process

33. Der Mensch hat ein (wahrscheinlich biologisch begründetes) Bedürfnis nach etwas, das wir den *Power Process* nennen werden. Dieser ist eng verwandt mit dem Bedürfnis nach Macht (das allgemein anerkannt ist), aber es ist nicht ganz dasselbe. Der Power Process besteht aus vier Elementen. Die drei klarsten davon nennen wir Ziel, Anstrengung und Zielerreichung. (Jeder muss Ziele haben, deren Erreichen Anstrengung erfordert, und er muss bei der Erreichung zumindest einiger seiner Ziele erfolgreich sein.) Das vierte Element ist schwieriger zu definieren und ist vielleicht nicht für jeden notwendig. Wir nennen es Autonomie und werden es später erörtern (Abschnitte 42-44).

34. Nehmen wir den hypothetischen Fall eines Mannes, der alles haben kann, was er will, indem er es sich einfach wünscht. Ein solcher Mensch hat Macht, aber er wird ernsthafte psychische Probleme entwi-

ckeln. Anfangs wird er viel Spaß haben, aber nach und nach wird er sich akut langweilen und demoralisiert werden. Schließlich kann er klinisch depressiv werden. Die Geschichte zeigt, dass unbeschäftigte Aristokraten dazu neigen, dekadent zu werden. Dies gilt nicht für streitende Aristokraten, die um den Erhalt ihrer Macht kämpfen müssen. Aber unbeschäftigte, abgesicherte Aristokraten, die sich nicht anstrengen müssen, werden in der Regel gelangweilt, hedonistisch und demoralisiert, auch wenn sie Macht haben. Dies zeigt, dass Macht allein nicht ausreicht. Man muss Ziele haben, für die man seine Macht einsetzen kann.

35. Jeder Mensch hat Ziele, und sei es nur, die physischen Notwendigkeiten des Lebens zu erhalten: Nahrung, Wasser und die durch das Klima notwendige Kleidung und Unterkunft. Aber der unbeschäftigte Aristokrat erhält diese Dinge ohne Anstrengung. Daher seine Langeweile und Demoralisierung.

36. Die Nichterreichung wichtiger Ziele führt zum Tod, wenn es sich bei den Zielen um körperliche Notwendigkeiten handelt, und zu Frustration, wenn die Nichterreichung der Ziele mit dem Überleben vereinbar ist. Das ständige Nichterreichen von Zielen im Laufe des Lebens führt zu Defätismus, geringem Selbstwertgefühl oder Depression.

37. Um schwerwiegende psychische Probleme zu vermeiden, braucht der Mensch also Ziele, deren Erreichen Anstrengung erfordert, und er muss eine angemessene Erfolgsquote bei der Erreichung seiner Ziele haben.

Ersatzhandlungen

38. Aber nicht jeder unbeschäftigte Aristokrat wird gelangweilt und demoralisiert. Kaiser Hirohito zum Beispiel versank nicht in dekadentem Hedonismus, sondern widmete sich der Meeresbiologie, einem Gebiet, auf dem er sich einen Namen machte. Wenn Menschen sich nicht anstrengen müssen, um ihre körperlichen Bedürfnisse zu befriedigen, setzen sie sich oft künstliche Ziele. In vielen Fällen verfolgen sie diese

Ziele dann mit der gleichen Energie und dem gleichen emotionalen Engagement, das sie sonst in die Befriedigung körperlicher Bedürfnisse gesteckt hätten. So hatten die Aristokraten des Römischen Reiches ihren literarischen Anspruch; viele europäische Aristokraten investierten vor einigen Jahrhunderten viel Zeit und Energie in die Jagd, obwohl sie das Fleisch sicher nicht brauchten; andere Aristokraten wetteiferten durch aufwendige Zurschaustellung von Reichtum um ihren Status; und einige wenige Aristokraten, wie Hirohito, haben sich der Wissenschaft zugewandt.

39. Wir verwenden den Begriff »Ersatzhandlung«, um eine Handlung zu bezeichnen, die auf ein künstliches Ziel ausgerichtet ist, das sich die Menschen nur deshalb setzen, um ein Ziel zu haben, auf das sie hinarbeiten können, oder, sagen wir, nur um der »Erfüllung« willen, die sie durch die Verfolgung des Ziels erhalten. Es gibt eine Faustregel für die Identifizierung von Ersatzhandlungen. Angenommen, eine Person widmet viel Zeit und Energie der Verfolgung von Ziel X, dann fragen Sie sich folgendes: Wenn er den größten Teil seiner Zeit und Energie für die Befriedigung seiner biologischen Bedürfnisse aufwenden müsste und wenn diese Anstrengung von ihm verlangen würde, seine körperlichen und geistigen Fähigkeiten auf vielfältige und interessante Weise einzusetzen, würde er sich dann ernsthaft benachteiligt fühlen, weil er das Ziel X nicht erreicht hat? Wenn die Antwort nein lautet, dann ist das Streben der Person nach Ziel X eine Ersatzhandlung. Hirohitos Studium der Meeresbiologie stellte eindeutig eine Ersatzhandlung dar, denn es ist ziemlich sicher, wenn er seine Zeit mit interessanten nicht-wissenschaftlichen Aufgaben hätte verbringen müssen, um sich das Lebensnotwendige zu beschaffen, hätte er nicht das Gefühl gehabt, etwas zu verpassen, weil er nicht alles über die Anatomie und die Lebenszyklen von Meerestieren wusste. Andererseits ist das Streben nach Sex und Liebe (zum Beispiel) keine Ersatzhandlung, denn die meisten Menschen würden sich, selbst wenn ihr Leben ansonsten zufriedenstellend wäre, beraubt fühlen, wenn sie ihr Leben verbringen würden, ohne jemals eine Bezie-

hung mit einem Mitglied des anderen Geschlechts zu haben. (Aber das
Streben nach übermäßigem Sex, mehr als man wirklich braucht, kann
eine Ersatzhandlung sein.)

40. In der modernen Industriegesellschaft ist nur ein minimaler Aufwand nötig, um die eigenen körperlichen Bedürfnisse zu befriedigen.
Es reicht aus, ein Ausbildungsprogramm zu durchlaufen, um sich einige geringfügige technische Fertigkeiten anzueignen, dann pünktlich zur
Arbeit zu kommen und die sehr bescheidene Anstrengung zu unternehmen, die nötig ist, um einen Arbeitsplatz zu behalten. Die einzigen Voraussetzungen sind ein gewisses Maß an Intelligenz und vor allem
einfacher *Gehorsam*. Wenn man diese Voraussetzungen erfüllt, kümmert sich die Gesellschaft von der Wiege bis zur Bahre um einen. (Ja, es
gibt eine Unterschicht, die die physischen Notwendigkeiten nicht als
selbstverständlich ansehen kann, aber wir sprechen hier von der Mainstreamgesellschaft.) So ist es nicht verwunderlich, dass die moderne Gesellschaft voll von Ersatzhandlungen ist. Dazu gehören wissenschaftliche
Arbeit, sportliche Leistungen, humanitäre Arbeit, künstlerisches und literarisches Schaffen, das Erklimmen der Karriereleiter, das Anhäufen
von Geld und materiellen Gütern weit über den Punkt hinaus, an dem
sie keine zusätzliche physische Befriedigung mehr bieten, und sozialer
Aktivismus, wenn er sich mit Themen befasst, die für den Aktivisten
persönlich nicht wichtig sind, wie im Fall weißer Aktivisten, die sich für
die Rechte nichtweißer Minderheiten einsetzen. Dabei handelt es sich
nicht immer um *reine* Ersatzhandlungen, da sie bei vielen Menschen
zum Teil auch durch andere Bedürfnisse motiviert sein können als das
Bedürfnis, ein Ziel zu verfolgen. Wissenschaftliche Arbeit kann zum Teil
durch das Streben nach Prestige motiviert sein, künstlerisches Schaffen
durch das Bedürfnis, Gefühle auszudrücken, militanter sozialer Aktivismus durch Feindseligkeit. Aber für die meisten Menschen, die sie
ausüben, sind diese Aktivitäten zum großen Teil Ersatzhandlungen. So
wird die Mehrheit der Wissenschaftler wahrscheinlich zustimmen, dass
die »Erfüllung«, die sie durch ihre Arbeit erfahren, wichtiger ist als das

Geld und das Prestige, das sie verdienen.

41. Für viele, wenn nicht sogar für die meisten Menschen, sind Ersatzhandlungen weniger befriedigend als die Verfolgung echter Ziele (d. h. Ziele, die Menschen auch dann erreichen wollen würden, wenn ihr Bedürfnis nach dem Power Process bereits erfüllt wäre). Ein Indiz dafür ist die Tatsache, dass Menschen, die sich intensiv mit Ersatzhandlungen befassen, in vielen oder den meisten Fällen nie zufrieden sind, nie zur Ruhe kommen. So strebt die Finanzgröße ständig nach mehr und mehr Reichtum. Kaum hat der Wissenschaftler ein Problem gelöst, geht er zum nächsten über. Der Langstreckenläufer treibt sich an, immer weiter und schneller zu laufen. Viele Menschen, die Ersatzhandlungen nachgehen, werden sagen, dass sie durch diese Tätigkeiten weitaus mehr Erfüllung finden als durch die »banale« Befriedigung ihrer biologischen Bedürfnisse, aber das liegt daran, dass in unserer Gesellschaft die Anstrengung, die zur Befriedigung der biologischen Bedürfnisse erforderlich ist, zur Trivialität geworden ist. Noch wichtiger ist, dass die Menschen in unserer Gesellschaft ihre biologischen Bedürfnisse nicht *autonom* befriedigen, sondern als Teil einer riesigen gesellschaftlichen Maschine funktionieren. Im Gegensatz dazu haben die Menschen im Allgemeinen eine große Autonomie bei der Ausübung ihrer Ersatzhandlungen.

Autonomie

42. Autonomie als Teil des Power Process ist vielleicht nicht für jeden Menschen notwendig. Die meisten Menschen brauchen jedoch ein mehr oder weniger großes Maß an Autonomie bei der Arbeit zur Erreichung ihrer Ziele. Ihre Bemühungen müssen aus eigener Initiative erfolgen und unter ihrer eigenen Leitung und Kontrolle stehen. Doch die meisten Menschen müssen diese Initiative, Leitung und Kontrolle nicht als Einzelpersonen ausüben. In der Regel reicht es aus, als Mitglied einer *kleinen* Gruppe zu handeln. Wenn also ein halbes Dutzend Men-

schen untereinander ein Ziel besprechen und sich gemeinsam erfolgreich um die Erreichung dieses Ziels bemühen, wird ihr Bedürfnis nach dem Power Process befriedigt. Wenn sie aber unter starren, von oben gegebenen Befehlen arbeiten, die ihnen keinen Raum für autonome Entscheidungen und Initiativen lassen, dann wird ihr Bedürfnis nach dem Power Process nicht befriedigt. Dasselbe gilt, wenn Entscheidungen auf kollektiver Basis getroffen werden, wenn die Gruppe, die die kollektive Entscheidung trifft, so groß ist, dass die Rolle des Einzelnen unbedeutend ist.[5]

43. Es stimmt, dass manche Menschen wenig Bedürfnis nach Autonomie zu haben scheinen. Entweder ist ihr Machtstreben schwach ausgeprägt, oder sie befriedigen es, indem sie sich mit einer mächtigen Organisation identifizieren, der sie angehören. Und dann gibt es unreflektierte, animalische Typen, die mit einem rein physischen Machtgefühl zufrieden zu sein scheinen (der gute Soldat, der sein Machtgefühl durch die Entwicklung von Kampffähigkeiten erhält, die er in Zufriedenheit mit blindem Gehorsam gegenüber seinen Vorgesetzten einsetzt).

44. Aber für die meisten Menschen ist es der Power Process – ein Ziel zu haben, eine *autonome* Anstrengung zu unternehmen und das Ziel zu erreichen –, durch den sie Selbstwertgefühl, Selbstvertrauen und ein Gefühl der Macht erlangen. Wenn man nicht ausreichend Gelegenheit hat, den Power Process zu durchlaufen, sind die Folgen (je nach Person und Art der Störung des Power Process) Langeweile, Demoralisierung, geringes Selbstwertgefühl, Minderwertigkeitsgefühle, Defätismus, Depression, Angst, Schuldgefühle, Frustration, Feindseligkeit, Missbrauch von Ehepartnern oder Kindern, unersättlicher Hedonismus, abnormales Sexualverhalten, Schlafstörungen, Essstörungen usw.[6]

Ursachen gesellschaftlicher Probleme

45. Jedes der vorgenannten Symptome kann in jeder Gesellschaft auftreten, aber in der modernen Industriegesellschaft sind sie in mas-

sivem Ausmaß vorhanden. Wir sind nicht die ersten, die darauf hinweisen, dass die Welt heute verrückt zu werden scheint. So etwas ist für menschliche Gesellschaften nicht normal. Es gibt gute Gründe für die Annahme, dass der primitive Mensch weniger unter Stress und Frustration litt und mit seiner Lebensweise zufriedener war als der moderne Mensch. Es stimmt, dass in den primitiven Gesellschaften nicht alles schön und gut war. Missbrauch von Frauen war bei den australischen Ureinwohnern üblich, Transsexualität war bei einigen amerikanischen Indianerstämmen ziemlich verbreitet. Aber es hat den Anschein, dass die Probleme, die wir im vorangegangenen Abschnitt aufgezählt haben, bei den primitiven Völkern *im Allgemeinen* weit weniger verbreitet waren als in der modernen Gesellschaft.

46. Wir führen die sozialen und psychologischen Probleme der modernen Gesellschaft auf die Tatsache zurück, dass diese Gesellschaft von den Menschen verlangt, unter Bedingungen zu leben, die sich radikal von denen unterscheiden, unter denen sich die Menschheit entwickelt hat, und sich in einer Weise zu verhalten, die den Verhaltensmustern widerspricht, die die Menschheit entwickelt hat, als sie unter den früheren Bedingungen lebte. Aus dem, was wir bereits geschrieben haben, geht klar hervor, dass wir den Mangel an Möglichkeiten, den Power Process richtig zu erleben, als die wichtigste der anormalen Bedingungen betrachten, denen die moderne Gesellschaft die Menschen aussetzt. Aber sie ist nicht die einzige. Bevor wir uns mit der Störung des Power Process als eine Ursache gesellschaftlicher Probleme befassen, wollen wir einige der anderen Ursachen erörtern.

47. Zu den abnormalen Bedingungen der modernen Industriegesellschaft gehören die übermäßige Bevölkerungsdichte, die Isolierung des Menschen von der Natur, die übertriebene Schnelligkeit des gesellschaftlichen Wandels und der Zusammenbruch natürlicher Kleinstgemeinschaften wie der Großfamilie, des Dorfes oder des Stammes.

48. Es ist allgemein bekannt, dass das Zusammenpferchen von Menschen Stress und Aggressionen verstärkt. Das heutige Ausmaß der Be-

völkerungsdichte und die Isolierung des Menschen von der Natur sind Folgen des technologischen Fortschritts. Alle vorindustriellen Gesellschaften waren überwiegend ländlich geprägt. Die industrielle Revolution hat die Größe der Städte und den Anteil der in ihnen lebenden Bevölkerung enorm erhöht, und die moderne Agrartechnologie hat es der Erde ermöglicht, eine weitaus höhere Bevölkerungsdichte als je zuvor zu versorgen. (Außerdem verschärft die Technologie die Auswirkungen der Überfüllung, weil sie den Menschen eine größere Störungsmacht verleiht. Zum Beispiel eine Vielzahl von lärmerzeugenden Geräten: Rasenmäher, Radios, Motorräder usw. Wenn die Nutzung dieser Geräte nicht eingeschränkt ist, werden Menschen, die Ruhe und Frieden wollen, durch den Lärm gestört. Wird die Nutzung eingeschränkt, sind die Nutzer dieser Geräte von den Regelungen frustriert. Wären diese Geräte jedoch nie erfunden worden, gäbe es keinen Konflikt und keine Frustration durch sie.)

49. Für primitive Gesellschaften bot die natürliche Welt (die sich in der Regel nur langsam verändert) einen stabilen Rahmen und damit ein Gefühl der Sicherheit. In der modernen Welt ist es die menschliche Gesellschaft, die die Natur beherrscht, und nicht umgekehrt, und die moderne Gesellschaft verändert sich aufgrund des technologischen Wandels sehr schnell. Es gibt also keinen stabilen Rahmen.

50. Die Konservativen sind Dummköpfe: Sie jammern über den Verfall der traditionellen Werte, unterstützen aber begeistert den technologischen Fortschritt und das Wirtschaftswachstum. Offenbar ist ihnen nie in den Sinn gekommen, dass man keine raschen, drastischen Veränderungen in der Technologie und der Wirtschaft einer Gesellschaft vornehmen kann, ohne dass dies auch rasche Veränderungen in allen anderen Aspekten der Gesellschaft nach sich zieht, und dass solche raschen Veränderungen unweigerlich zum Zerfall traditioneller Werte führen.

51. Der Zerfall traditioneller Werte impliziert in gewissem Maße auch den Zerfall der Bindungen, die traditionelle soziale Kleingruppen zu-

sammenhalten. Die Auflösung kleiner sozialer Gruppen wird auch dadurch begünstigt, dass die modernen Bedingungen den Einzelnen oft dazu zwingen oder verleiten, an neue Orte zu ziehen und sich von seinen Gemeinschaften zu trennen. Darüber hinaus *muss* eine technologische Gesellschaft familiäre Bindungen und lokale Gemeinschaften schwächen, wenn sie effizient funktionieren soll. In der modernen Gesellschaft muss die Loyalität des Einzelnen in erster Linie dem System und erst in zweiter Linie einer kleinen Gemeinschaft gelten, denn wenn die internen Loyalitäten der kleinen Gemeinschaften stärker wären als die Loyalität gegenüber dem System, würden diese Gemeinschaften ihren eigenen Vorteil auf Kosten des Systems verfolgen.

52. Nehmen wir an, ein Beamter oder eine Führungskraft eines Unternehmens ernennt seinen Cousin, seinen Freund oder seinen Glaubensgenossen für eine Stelle, anstatt die Person zu ernennen, die für diese Aufgabe am besten qualifiziert ist. Er hat zugelassen, dass seine persönliche Loyalität an die Stelle seiner Loyalität gegenüber dem System tritt, und das ist »Vetternwirtschaft« oder »Diskriminierung«, beides schreckliche Sünden in der modernen Gesellschaft. Möchtegern-Industriegesellschaften, denen es nicht gelungen ist, persönliche oder lokale Loyalitäten der Loyalität gegenüber dem System unterzuordnen, sind in der Regel sehr ineffizient. (Siehe Lateinamerika.) Eine fortgeschrittene Industriegesellschaft kann daher nur solche kleinen Gemeinschaften tolerieren, die entmannt, gezähmt und zu Werkzeugen des Systems gemacht werden.[7]

53. Hohe Bevölkerungsdichte, rascher Wandel und der Zerfall von Gemeinschaften sind weithin als Ursachen für gesellschaftliche Probleme anerkannt. Wir glauben jedoch nicht, dass sie ausreichen, um das Ausmaß der heutigen Probleme zu erklären.

54. Einige vorindustrielle Städte waren sehr groß und dicht bevölkert, doch scheinen ihre Bewohner nicht in demselben Maße unter psychischen Problemen gelitten zu haben wie der moderne Mensch. In Amerika gibt es auch heute noch ländliche Gebiete, die weniger dicht

besiedelt sind, und wir finden dort die gleichen Probleme wie in städtischen Gebieten, auch wenn die Probleme in den ländlichen Gebieten tendenziell weniger akut sind. Die Bevölkerungsdichte scheint also nicht der entscheidende Faktor zu sein.

55. Im 19. Jahrhundert zerbrach die Mobilität der Bevölkerung am wachsenden Rand des amerikanischen Grenzgebiets Großfamilien und kleine soziale Gruppen wahrscheinlich mindestens in dem Maße, wie sie heute aufgebrochen sind. Tatsächlich lebten viele Kernfamilien freiwillig in einer solchen Isolation und hatten keine Nachbarn im Umkreis von mehreren Meilen, so dass sie überhaupt keiner Gemeinschaft angehörten, doch scheinen sie dadurch keine Probleme entwickelt zu haben.

56. Außerdem vollzog sich der Wandel in der Grenzregion Amerikas sehr schnell und tiefgreifend. Ein Mann konnte in einer Blockhütte geboren und aufgewachsen sein, außerhalb der Reichweite von Recht und Ordnung, und sich hauptsächlich von Wildfleisch ernähren; und als er im Alter ankam, konnte er einer geregelten Arbeit nachgehen und in einer geordneten Gemeinschaft mit effektiver Strafverfolgung leben. Dies war eine tiefgreifendere Veränderung als die, die normalerweise im Leben eines modernen Menschen vorkommt, doch scheint sie nicht zu psychologischen Problemen geführt zu haben. Tatsächlich war die amerikanische Gesellschaft des 19. Jahrhunderts optimistisch und selbstbewusst, ganz anders als die heutige Gesellschaft.[8]

57. Der Unterschied besteht unserer Ansicht nach darin, dass der moderne Mensch das (weitgehend gerechtfertigte) Gefühl hat, dass ihm der Wandel *aufgezwungen* wird, während der Grenzbewohner des 19. Jahrhunderts das (ebenfalls weitgehend gerechtfertigte) Gefühl hatte, dass er den Wandel selbst herbeiführte, und zwar durch seine eigene Entscheidung. So ließ sich ein Pionier auf einem Stück Land seiner Wahl nieder und baute es durch eigene Arbeit zu einer Farm aus. Damals hatte ein ganzer Landkreis vielleicht nur ein paar hundert Einwohner und war eine weitaus isoliertere und autonomere Einheit als ein moderner

Landkreis. Der Pionierfarmer nahm also als Mitglied einer relativ kleinen Gruppe an der Schaffung einer neuen, geordneten Gemeinschaft teil. Man mag sich fragen, ob die Schaffung dieses Gemeinwesens eine Verbesserung darstellte, aber es befriedigte auf jeden Fall das Bedürfnis der Pioniere nach dem Power Process.

58. Es wäre möglich, andere Beispiele für Gesellschaften zu nennen, in denen es rasche Veränderungen und/oder einen Mangel an engen gemeinschaftlichen Bindungen gab, ohne dass es zu massiven Verhaltensstörungen kam, wie sie in der heutigen Industriegesellschaft zu beobachten sind. Wir behaupten, dass die wichtigste Ursache für soziale und psychische Probleme in der modernen Gesellschaft die Tatsache ist, dass die Menschen nicht genügend Gelegenheit haben, den Power Process auf normale Weise zu durchlaufen. Wir wollen damit nicht sagen, dass die moderne Gesellschaft die einzige ist, in der der Power Process gestört wurde. Wahrscheinlich haben die meisten, wenn nicht alle zivilisierten Gesellschaften mehr oder weniger stark in den Power Process eingegriffen. Aber in der modernen Industriegesellschaft ist das Problem besonders akut geworden. Linke Ideologie, zumindest in ihrer jüngsten Form (Mitte bis Ende des 20. Jahrhunderts), ist zum Teil ein Symptom für die Deprivation des Power Process.

Die Störung des Power Process in der modernen Gesellschaft

59. Wir teilen menschliche Triebe in drei Gruppen ein: (1) Triebe, die mit minimalem Aufwand befriedigt werden können; (2) Triebe, die zwar befriedigt werden können, aber nur unter großem Aufwand; (3) Triebe, die nicht ausreichend befriedigt werden können, egal wie viel Aufwand man betreibt. Der Power Process ist der Prozess der Befriedigung der Triebe der zweiten Gruppe. Je mehr Triebe in der dritten Gruppe vorhanden sind, desto mehr kommt es zu Frustration, Wut, schließlich zu Defätismus, Depression usw.

60. In der modernen Industriegesellschaft werden die natürlichen menschlichen Triebe tendenziell in die erste und dritte Gruppe gedrängt, und die zweite Gruppe besteht zunehmend aus künstlich geschaffenen Trieben.

61. In primitiven Gesellschaften fallen die physischen Bedürfnisse im Allgemeinen in Gruppe 2: Sie können zwar erlangt werden, aber nur unter großen Anstrengungen. Die moderne Gesellschaft tendiert jedoch dazu, die physischen Notwendigkeiten für jedermann[9] im Austausch für nur minimale Anstrengung zu garantieren, so dass die physischen Bedürfnisse in Gruppe 1 fallen. (Man kann sich darüber streiten, ob die Anstrengung, die nötig ist, um einen Job zu behalten, »minimal« ist; aber in der Regel ist die Anstrengung, die in Jobs der unteren bis mittleren Ebene verlangt wird, lediglich die des *Gehorsams*. Man sitzt oder steht dort, wo man sitzen oder stehen soll, und tut das, was man tun soll, auf die Art und Weise, wie es einem aufgetragen wird. Selten muss man sich ernsthaft anstrengen, und in jedem Fall hat man kaum Autonomie bei der Arbeit, so dass der Notwendigkeit des Power Process nicht gut gedient ist.)

62. Soziale Bedürfnisse wie Sex, Liebe und Status verbleiben in der modernen Gesellschaft oft in Gruppe 2, je nach der Situation des Einzelnen.[10] Aber außer bei Menschen, die einen besonders starken Drang nach Status haben, reicht der Aufwand zur Erfüllung der sozialen Triebe nicht aus, um das Bedürfnis nach dem Power Process angemessen zu befriedigen.

63. Also wurden bestimmte künstliche Bedürfnisse geschaffen, die in die Gruppe 2 fallen und somit der Notwendigkeit des Power Process dienen. Werbe- und Marketingtechniken wurden entwickelt, die vielen Menschen das Gefühl geben, Dinge zu brauchen, die sich ihre Großeltern nie gewünscht oder auch nur erträumt haben. Es erfordert eine ernsthafte Anstrengung, genug Geld zu verdienen, um diese künstlichen Bedürfnisse zu befriedigen, daher fallen sie in Gruppe 2. (Aber siehe die Abschnitte 80-82.) Der moderne Mensch muss sein Bedürfnis nach dem

Power Process größtenteils durch das Streben nach den künstlichen Bedürfnissen befriedigen, die von der Werbe- und Marketingindustrie geschaffen wurden,[11] und durch Ersatzhandlungen.

64. Es scheint, dass diese künstlichen Formen des Power Process für viele Menschen, vielleicht sogar für die Mehrheit, unzureichend sind. Ein Thema, das in den Schriften der Gesellschaftskritiker der zweiten Hälfte des 20. Jahrhunderts immer wieder auftaucht, ist das Gefühl der Sinnlosigkeit, das viele Menschen in der modernen Gesellschaft befällt. (Diese Sinnlosigkeit wird oft mit anderen Begriffen bezeichnet, wie »Anomie« oder »bürgerliche Leere«.) Wir vermuten, dass die so genannte »Identitätskrise« in Wirklichkeit eine Suche nach einem Sinn ist, oft nach einem Engagement in einer geeigneten Ersatzhandlung. Möglicherweise ist der Existenzialismus zu einem großen Teil eine Antwort auf die Sinnlosigkeit des modernen Lebens.[12] In der modernen Gesellschaft ist die Suche nach »Erfüllung« sehr weit verbreitet. Wir sind jedoch der Meinung, dass eine Tätigkeit, deren Hauptziel die Erfüllung ist (d. h. eine Ersatzhandlung), für die Mehrheit der Menschen keine vollkommen zufriedenstellende Erfüllung bringt. Mit anderen Worten, sie befriedigt nicht vollständig das Bedürfnis nach dem Power Process. (Siehe Abschnitt 41.) Dieses Bedürfnis kann nur durch Aktivitäten befriedigt werden, die ein externes Ziel haben, wie körperliche Bedürfnisse, Sex, Liebe, Status, Rache usw.

65. Darüber hinaus sind die meisten Menschen nicht in der Lage, ihre Ziele *autonom* zu verfolgen, wenn sie Geld verdienen, auf der Karriereleiter aufsteigen oder auf andere Weise als Teil des Systems funktionieren. Die meisten Arbeitnehmer sind die Angestellten eines anderen und müssen, wie wir in Abschnitt 61 dargelegt haben, ihre Tage damit verbringen, das zu tun, was ihnen gesagt wird, und zwar auf die Art und Weise, wie es ihnen gesagt wird. Selbst die meisten Selbstständigen haben nur eine begrenzte Autonomie. Unternehmer beklagen immer wieder, dass ihnen durch übermäßige staatliche Vorschriften die Hände gebunden sind. Einige dieser Vorschriften sind zweifelsohne

unnötig, aber im Großen und Ganzen sind staatliche Vorschriften ein wesentlicher und unvermeidlicher Bestandteil unserer äußerst komplexen Gesellschaft. Ein großer Teil der Kleinunternehmen arbeitet heute nach dem Franchisesystem. Vor einigen Jahren wurde im *Wall Street Journal* berichtet, dass viele Franchise-Unternehmen von ihren Bewerbern einen Persönlichkeitstest verlangen, der darauf abzielt, diejenigen *auszuschließen*, die über Kreativität und Initiative verfügen, weil diese Personen nicht gefügig genug sind, um sich dem Franchise-System zu unterwerfen. Dadurch werden viele der Menschen, die am meisten Autonomie brauchen, von Kleinunternehmen ausgeschlossen.

66. Die Menschen leben heute mehr von dem, was das System *für* sie oder *mit* ihnen macht, als von dem, was sie für sich selbst tun. Und was sie für sich selbst tun, geschieht mehr und mehr in den vom System vorgegebenen Bahnen. Die Möglichkeiten sind in der Regel die, die das System bietet, die Möglichkeiten müssen nach Regeln und Vorschriften[13] genutzt werden, und die von Experten vorgeschriebenen Techniken müssen befolgt werden, wenn es eine Chance auf Erfolg geben soll.

67. Der Power Process ist also in unserer Gesellschaft gestört durch einen Mangel an echten Zielen und einen Mangel an Autonomie bei der Verfolgung von Zielen. Er wird aber auch durch jene menschlichen Triebe gestört, die in Gruppe 3 fallen: die Triebe, die man nicht ausreichend befriedigen kann, egal wie sehr man sich anstrengt. Einer dieser Triebe ist das Bedürfnis nach Sicherheit. Unser Leben hängt von Entscheidungen ab, die von anderen Menschen getroffen werden, wir haben keine Kontrolle über diese Entscheidungen und kennen meist nicht einmal die Menschen, die sie treffen. (»Wir leben in einer Welt, in der relativ wenige Menschen – vielleicht 500 oder 1.000 – die wichtigen Entscheidungen treffen« – Philip B. Heymann von der Harvard Law School). Unser Leben hängt davon ab, ob die Sicherheitsstandards in einem Kernkraftwerk ordnungsgemäß eingehalten werden, wie viel Pestizide in unsere Nahrung oder wie viel Luftverschmutzung in unsere Luft gelangen darf, wie geschickt (oder inkompetent) unser Arzt ist, ob

wir einen Arbeitsplatz verlieren oder bekommen, hängt möglicherweise von den Entscheidungen der Wirtschaftsexperten der Regierung oder der Führungskräfte von Unternehmen ab, und so weiter. Die meisten Menschen sind nicht in der Lage, sich gegen diese Bedrohungen mehr als nur in sehr begrenztem Maße abzusichern. Das Streben des Einzelnen nach Sicherheit ist daher frustriert, was zu einem Gefühl der Machtlosigkeit führt.

68. Man könnte einwenden, dass der primitive Mensch physisch weniger sicher sei als der moderne Mensch, was sich in seiner kürzeren Lebenserwartung zeige; daher leide der moderne Mensch unter weniger, nicht mehr als dem für Menschen normalen Maß an Unsicherheit. Die psychologische Sicherheit ist jedoch nicht mit der physischen Sicherheit identisch. Was uns ein *Gefühl* der Sicherheit gibt, ist nicht so sehr die objektive Sicherheit, sondern das Vertrauen in unsere Fähigkeit, für uns selbst zu sorgen. Der primitive Mensch, der von einem wilden Tier oder vom Hunger bedroht wird, kann zur Selbstverteidigung kämpfen oder sich auf die Suche nach Nahrung machen. Er hat keine Gewissheit, dass diese Bemühungen erfolgreich sind, aber er ist keineswegs hilflos gegenüber den Dingen, die ihn bedrohen. Der moderne Mensch hingegen wird von vielen Dingen bedroht, gegen die er hilflos ist: Atomunfälle, krebserregende Stoffe in der Nahrung, Umweltverschmutzung, Krieg, steigende Steuern, Eingriffe in seine Privatsphäre durch große Organisationen, landesweite soziale oder wirtschaftliche Phänomene, die seine Lebensweise stören können.

69. Es stimmt, dass der primitive Mensch gegen einige Dinge, die ihn bedrohen, machtlos ist, zum Beispiel gegen Krankheiten. Aber er kann das Risiko einer Krankheit stoisch hinnehmen. Es liegt in der Natur der Dinge, niemand ist schuld, es sei denn, es ist die Schuld eines imaginären, unpersönlichen Dämons. Aber die Bedrohungen für den modernen Menschen sind in der Regel von *Menschen* gemacht. Sie sind nicht das Ergebnis des Zufalls, sondern werden ihm von anderen Personen *auferlegt*, auf deren Entscheidungen er als Einzelner keinen Einfluss neh-

men kann. Folglich fühlt er sich frustriert, gedemütigt und wütend.

70. So hat der primitive Mensch seine Sicherheit größtenteils selbst in der Hand (entweder als Individuum oder als Mitglied einer *kleinen* Gruppe), während die Sicherheit des modernen Menschen in den Händen von Personen oder Organisationen liegt, die zu unnahbar oder zu groß sind, als dass er sie persönlich beeinflussen könnte. Das Streben des modernen Menschen nach Sicherheit fällt also eher in die Gruppen 1 und 3; in einigen Bereichen (Nahrung, Unterkunft usw.) ist seine Sicherheit mit nur geringem Aufwand gewährleistet, während er in anderen Bereichen *keine* Sicherheit erlangen kann. (Die vorstehenden Ausführungen vereinfachen die reale Situation stark, zeigen aber in grober, allgemeiner Form, wie sich der Zustand des modernen Menschen von dem des primitiven Menschen unterscheidet.)

71. Die Menschen haben viele vorübergehende Triebe oder Impulse, die im modernen Leben notwendigerweise frustriert werden und daher in Gruppe 3 fallen. Man kann wütend werden, aber die moderne Gesellschaft lässt keinen Kampf zu. In vielen Situationen lässt sie nicht einmal verbale Aggression zu. Wenn man irgendwohin fährt, kann man es eilig haben, oder man hat Lust, langsam zu fahren, aber im Allgemeinen hat man keine andere Wahl, als sich dem Verkehrsfluss anzupassen und die Verkehrszeichen zu befolgen. Man kann seine Arbeit auf eine andere Art und Weise erledigen wollen, aber in der Regel kann man nur nach den Regeln arbeiten, die der Arbeitgeber vorgibt. Auch in vielerlei anderer Hinsicht ist der moderne Mensch durch ein Netz von (expliziten oder impliziten) Regeln und Vorschriften gefesselt, die viele seiner Impulse unterdrücken und so den Power Process behindern. Auf die meisten dieser Vorschriften kann nicht verzichtet werden, da sie für das Funktionieren der Industriegesellschaft notwendig sind.

72. Die moderne Gesellschaft ist in mancherlei Hinsicht äußerst freizügig. In Angelegenheiten, die für das Funktionieren des Systems irrelevant sind, können wir im Allgemeinen tun, was wir wollen. Wir können an jede Religion glauben (solange sie nicht zu einem Verhalten

ermutigt, das für das System gefährlich ist). Wir können mit jedem ins Bett gehen, mit dem wir wollen (solange wir »Safer Sex« praktizieren). Wir können alles tun, was wir wollen, solange es *unwichtig* ist. Aber in allen *wichtigen* Angelegenheiten neigt das System zunehmend dazu, unser Verhalten zu reglementieren.

73. Das Verhalten wird nicht nur durch ausdrückliche Regeln und nicht nur durch die Regierung geregelt. Kontrolle wird oft durch indirekten Zwang oder durch psychologischen Druck oder Manipulation ausgeübt, und zwar durch andere Organisationen als die Regierung oder durch das System als Ganzes. Die meisten großen Organisationen nutzen irgendeine Form von Propaganda,[14] um die Einstellung oder das Verhalten der Öffentlichkeit zu beeinflussen. Propaganda ist nicht auf Werbespots und Anzeigen beschränkt, und manchmal ist sie von den Machern nicht einmal bewusst als Propaganda beabsichtigt. So ist beispielsweise der Inhalt von Unterhaltungsprogrammen eine wirksame Form der Propaganda. Ein Beispiel für indirekte Nötigung: Es gibt kein Gesetz, das besagt, dass wir jeden Tag zur Arbeit gehen und die Anweisungen unseres Arbeitgebers befolgen müssen. Rechtlich gesehen hindert uns nichts daran, wie ein Naturvolk in der Wildnis zu leben oder uns selbständig zu machen. Aber in der Praxis gibt es nur noch sehr wenig wildes Land, und in der Wirtschaft ist nur Platz für eine begrenzte Anzahl von Kleinunternehmern. Daher können die meisten von uns nur als Angestellte eines anderen überleben.

74. Wir vermuten, dass die Fixierung des modernen Menschen auf Langlebigkeit und auf die Aufrechterhaltung von körperlicher Vitalität und sexueller Attraktivität bis ins hohe Alter ein Symptom der Unerfülltheit ist, die aus der Vernachlässigung des Power Process resultiert. Auch die »Midlife-Crisis« ist ein solches Symptom. Das Gleiche gilt für das Desinteresse am Kinderkriegen, das in der modernen Gesellschaft weit verbreitet ist, in primitiven Gesellschaften jedoch kaum vorkommt.

75. In primitiven Gesellschaften besteht das Leben aus einer Abfolge von Phasen. Nachdem die Bedürfnisse und Ziele einer Stufe erfüllt

sind, gibt es keine besondere Abneigung, zur nächsten Stufe überzuge-
hen. Ein junger Mann durchläuft den Power Process, indem er zum Jäger wird, der nicht zum Sport oder zur Selbstverwirklichung jagt,
sondern um Fleisch zu bekommen, das für die Ernährung notwendig
ist. (Bei jungen Frauen ist der Prozess komplexer, mit größerer Beto-
nung der sozialen Macht; wir werden das hier nicht erörtern.) Nachdem diese Phase erfolgreich durchlaufen wurde, zögert der junge Mann
nicht, sich der Verantwortung für die Gründung einer Familie zu stellen. (Im Gegensatz dazu verschieben einige moderne Menschen das Kinderkriegen auf unbestimmte Zeit, weil sie zu sehr mit der Suche nach
einer Art »Erfüllung« beschäftigt sind. Wir schlagen vor, dass die Erfüllung, die sie brauchen, eine angemessene Erfüllung des Power Process
ist – mit realen Zielen anstelle der künstlichen Ziele von Ersatzhandlungen.) Nachdem der primitive Mensch seine Kinder erfolgreich aufgezo-
gen und den Power Process durchlaufen hat, indem er sie mit den
physischen Notwendigkeiten versorgt hat, hat er das Gefühl, dass seine
Arbeit getan ist, und er ist bereit, das Alter (wenn er so lange überlebt)
und den Tod zu akzeptieren. Viele moderne Menschen hingegen beun-
ruhigt die Aussicht auf körperlichen Verfall und Tod, wie der Aufwand
zeigt, den sie betreiben, um ihre körperliche Verfassung, ihr Aussehen
und ihre Gesundheit zu erhalten. Wir argumentieren, dass dies auf die
Unerfülltheit zurückzuführen ist, die aus der Tatsache resultiert, dass
sie ihre physischen Kräfte nie zu irgendeinem praktischen Zweck eingesetzt haben, nie den Power Process durchlaufen haben, bei dem sie
ihren Körper in ernsthafter Weise benutzen. Es ist nicht der primitive
Mensch, der seinen Körper täglich zu praktischen Zwecken benutzt hat,
der den Verfall des Alters fürchtet, sondern der moderne Mensch, der
nie eine praktische Verwendung für seinen Körper hatte, die über den
Weg vom Auto zum Haus hinausging. Der Mensch, dessen Bedürfnis
nach dem Power Process während seines Lebens befriedigt wurde, ist
am besten darauf vorbereitet, das Ende dieses Lebens zu akzeptieren.

76. Als Antwort auf die Argumente dieses Abschnitts wird jemand sagen: »Die Gesellschaft muss einen Weg finden, den Menschen die Möglichkeit zu geben, den Power Process zu durchlaufen.« Das wird für diejenigen nicht funktionieren, die beim Power Process Autonomie brauchen. Für solche Leute wird der Wert der Möglichkeit schon dadurch zerstört, dass die Gesellschaft sie ihnen gibt. Sie brauchen eine Chance, ihre eigenen Gelegenheiten zu finden oder zu schaffen. Solange das System ihnen ihre Chancen *gibt*, hält es sie an der kurzen Leine. Um Autonomie zu erlangen, müssen sie sich von dieser Leine befreien.

Wie sich manche Menschen anpassen

77. Nicht jeder in der industriell-technologischen Gesellschaft leidet unter psychischen Problemen. Manche Menschen erklären sogar, dass sie mit der Gesellschaft, wie sie ist, recht zufrieden sind. Im Folgenden werden wir einige der Gründe erörtern, warum die Menschen in ihrer Reaktion auf die moderne Gesellschaft so unterschiedlich sind.

78. Erstens gibt es zweifellos angeborene Unterschiede in der Stärke des Machtstrebens. Personen mit einem schwachen Machtstreben haben möglicherweise relativ wenig Bedarf, den Power Process zu durchlaufen, oder zumindest relativ wenig Bedarf an Autonomie im Power Process. Das sind fügsame Typen, die als Plantagenarbeiter in den alten Südstaaten glücklich gewesen wären. (Wir wollen die »Plantagenarbeiter« des alten Südens nicht verhöhnen. Man muss ihnen zugutehalten, dass die meisten Sklaven mit ihrer Knechtschaft *nicht* zufrieden waren. Aber wir machen uns über Menschen lustig, die in ihrer Knechtschaft *zufrieden* sind.)

79. Manche Menschen haben einen außergewöhnlichen Antrieb, mit dem sie ihr Bedürfnis nach dem Power Process befriedigen. Wer zum Beispiel einen ungewöhnlich starken Drang nach sozialem Status hat, kann sein ganzes Leben damit verbringen, die Statusleiter hinaufzuklettern, ohne sich jemals bei diesem Spiel zu langweilen.

80. Die Menschen sind unterschiedlich empfänglich für Werbe- und Marketingtechniken. Manche Menschen sind so empfänglich, dass sie, selbst wenn sie viel Geld verdienen, ihr ständiges Verlangen nach den glänzenden neuen Spielzeugen, die ihnen die Marketingindustrie vor die Nase hält, nicht stillen können. So fühlen sie sich finanziell immer in Bedrängnis, auch wenn sie ein hohes Einkommen haben, und ihre Gelüste bleiben unbefriedigt.

81. Manche Menschen sind wenig empfänglich für Werbe- und Marketingtechniken. Das sind die Menschen, die nicht an Geld interessiert sind. Der materielle Erwerb erfüllt nicht ihr Bedürfnis nach dem Power Process.

82. Menschen mit einer mittleren Empfänglichkeit für Werbe- und Marketingtechniken sind in der Lage, genug Geld zu verdienen, um ihr Verlangen nach Gütern und Dienstleistungen zu befriedigen, aber nur um den Preis einer ernsthaften Anstrengung (Überstunden machen, einen zweiten Job annehmen, Beförderungen erhalten, usw.). Der materielle Erwerb dient also ihrem Bedürfnis nach dem Power Process. Daraus folgt jedoch nicht unbedingt, dass ihr Bedürfnis vollständig befriedigt ist. Es kann sein, dass sie im Power Process nicht genügend Autonomie haben (ihre Arbeit kann darin bestehen, Befehle zu befolgen), und einige ihrer Triebe können frustriert sein (z. B. Sicherheit, Aggression). (In den Abschnitten 80-82 haben wir uns einer groben Vereinfachung schuldig gemacht, weil wir davon ausgegangen sind, dass der Wunsch nach materiellem Erwerb ausschließlich eine Erfindung der Werbe- und Marketingindustrie ist. So einfach ist es natürlich nicht.[11])

83. Manche Menschen befriedigen ihr Machtbedürfnis teilweise, indem sie sich mit einer mächtigen Organisation oder einer Massenbewegung identifizieren. Ein Individuum, dem es an Zielen und Macht mangelt, schließt sich einer Bewegung oder einer Organisation an, macht sich deren Ziele zu eigen und arbeitet dann auf diese Ziele hin. Wenn einige der Ziele erreicht sind, hat der Einzelne, auch wenn seine persönlichen Anstrengungen nur eine unbedeutende Rolle bei der Errei-

chung der Ziele gespielt haben, das Gefühl (durch seine Identifikation mit der Bewegung oder Organisation), als ob er den Power Process durchlaufen hätte. Dieses Phänomen wurde von den Faschisten, Nazis und Kommunisten ausgenutzt. Auch unsere Gesellschaft nutzt es, wenn auch weniger grob. Beispiel: Manuel Noriega war ein Ärgernis für die USA (Ziel: Noriega bestrafen). Die USA marschierten in Panama ein (Anstrengung) und bestraften Noriega (Zielerreichung). Die USA durchliefen den Power Process, und viele Amerikaner erlebten aufgrund ihrer Identifikation mit den USA den Power Process stellvertretend mit. Daher die breite öffentliche Zustimmung zur Invasion in Panama; sie vermittelte den Menschen ein Gefühl der Macht.[15] Dasselbe Phänomen lässt sich in Armeen, Unternehmen, politischen Parteien, humanitären Organisationen, religiösen oder ideologischen Bewegungen beobachten. Insbesondere linke Bewegungen neigen dazu, Menschen anzuziehen, die ihr Machtbedürfnis befriedigen wollen. Aber für die meisten Menschen befriedigt die Identifikation mit einer großen Organisation oder einer Massenbewegung das Bedürfnis nach Macht nicht vollständig.

84. Eine andere Art und Weise, wie Menschen ihr Bedürfnis nach dem Power Process befriedigen, sind Ersatzhandlungen. Wie wir in den Abschnitten 38-40 erläutert haben, ist eine Ersatzhandlung eine Tätigkeit, die auf ein künstliches Ziel gerichtet ist, das der Einzelne um der »Erfüllung« willen verfolgt, die er durch die Verfolgung des Ziels erhält, und nicht, weil das Ziel selbst erreichen muss. Es gibt zum Beispiel kein praktisches Motiv dafür, enorme Muskeln aufzubauen, einen kleinen weißen Ball in ein Loch zu schlagen oder eine komplette Serie von Briefmarken zu erwerben. Dennoch widmen sich viele Menschen in unserer Gesellschaft mit Leidenschaft dem Bodybuilding, dem Golfspiel oder dem Sammeln von Briefmarken. Manche Menschen sind »fremdbestimmter« als andere und legen daher eher Wert auf eine Ersatzhandlung, einfach weil die Menschen um sie herum sie für wichtig halten oder weil die Gesellschaft ihnen sagt, dass sie wichtig ist. Das ist der Grund, warum manche Menschen sich sehr ernsthaft mit im Grunde

trivialen Aktivitäten wie Sport oder Bridge oder Schach oder obskuren wissenschaftlichen Beschäftigungen befassen, während andere, die klarsichtiger sind, diese Dinge nie als etwas anderes als die Ersatzhandlungen sehen, die sie sind, und ihnen folglich nie genug Bedeutung beimessen, um ihr Bedürfnis nach dem Power Process auf diese Weise zu befriedigen. Es bleibt nur noch darauf hinzuweisen, dass in vielen Fällen auch die Art und Weise, wie ein Mensch seinen Lebensunterhalt verdient, eine Ersatzhandlung ist. Keine *reine* Ersatzhandlung, da ein Teil des Motivs für die Tätigkeit darin besteht, die physischen Notwendigkeiten und (für manche Menschen) den sozialen Status und den Luxus zu erlangen, den die Werbung ihnen vorgibt. Aber viele Menschen geben sich bei ihrer Arbeit weit mehr Mühe, als notwendig ist, um das Geld und den Status zu verdienen, die sie benötigen, und diese zusätzliche Mühe stellt eine Ersatzhandlung dar. Diese zusätzliche Anstrengung und die damit einhergehende emotionale Investition ist eine der stärksten Kräfte, die auf die kontinuierliche Entwicklung und Vervollkommnung des Systems einwirken, mit negativen Folgen für die individuelle Freiheit. (Siehe Abschnitt 131.) Vor allem für die kreativsten Wissenschaftler und Ingenieure ist die Arbeit in der Regel eine Ersatzhandlung. Dieser Punkt ist so wichtig, dass er eine gesonderte Erörterung verdient, auf die wir gleich noch eingehen werden (Abschnitte 87-92).

85. In diesem Abschnitt haben wir erklärt, wie viele Menschen in der modernen Gesellschaft ihr Bedürfnis nach dem Power Process in mehr oder weniger starkem Maße befriedigen. Wir denken jedoch, dass das Bedürfnis nach dem Power Process bei der Mehrheit der Menschen nicht vollständig befriedigt wird. In erster Linie handelt es sich bei denjenigen, die einen unstillbaren Drang nach Status haben, oder die fest an einer Ersatzhandlung »hängen«, oder die sich stark genug mit einer Bewegung oder einer Organisation identifizieren, um ihr Machtbedürfnis auf diese Weise zu befriedigen, um außergewöhnliche Persönlichkeiten. Andere werden durch Ersatzhandlungen oder die Identifikation

mit einer Organisation nicht voll befriedigt. (Siehe Abschnitte 41, 64.) Zweitens wird vom System zu viel Kontrolle durch explizite Regulierung oder durch Sozialisierung auferlegt, was zu einem Mangel an Autonomie und zu Frustration führt, weil bestimmte Ziele nicht erreicht werden können und zu viele Impulse gezügelt werden müssen.

86. Aber selbst wenn die meisten Menschen in der industriell-technologischen Gesellschaft zufrieden wären, wären wir (FC) immer noch gegen diese Gesellschaftsform, weil wir es (neben anderen Gründen) für erniedrigend halten, das Bedürfnis nach dem Power Process durch Ersatzhandlungen oder durch Identifikation mit einer Organisation zu befriedigen, anstatt echte Ziele zu verfolgen.

Die Beweggründe der Wissenschaftler

87. Wissenschaft und Technologie liefern die wichtigsten Beispiele für Ersatzhandlungen. Einige Wissenschaftler behaupten, dass sie durch »Neugier« oder durch den Wunsch, dem »Wohle der Menschheit« zu dienen, motiviert sind. Aber es ist leicht zu erkennen, dass keines dieser beiden Motive das Hauptmotiv der meisten Wissenschaftler sein kann. Was die »Neugier« betrifft, so ist diese Vorstellung einfach absurd. Die meisten Wissenschaftler arbeiten an hochspezialisierten Problemen, die nicht Gegenstand einer normalen Neugierde sind. Ist zum Beispiel ein Astronom, ein Mathematiker oder ein Entomologe neugierig auf die Eigenschaften von Isopropyltrimethylmethan? Natürlich nicht. Nur ein Chemiker ist neugierig auf so etwas, und er ist nur neugierig, weil die Chemie seine Ersatzhandlung ist. Ist der Chemiker neugierig auf die richtige Klassifizierung einer neuen Käferart? Nein. Diese Frage interessiert nur den Entomologen, und er ist nur deshalb daran interessiert, weil die Entomologie seine Ersatzhandlung ist. Wenn der Chemiker und der Entomologe sich ernsthaft anstrengen müssten, um die physischen Notwendigkeiten zu beschaffen, und wenn diese Anstrengung ihre Fähigkeiten auf eine interessante Art und Weise, aber in

einer nicht-wissenschaftlichen Beschäftigung ausüben würde, dann würden sie sich einen Dreck um Isopropyltrimethylmethan oder die Klassifizierung von Käfern scheren. Nehmen wir an, der Chemiker wäre aus Mangel an finanziellen Mitteln für eine postgraduale Ausbildung Versicherungsmakler geworden, anstatt Chemiker zu werden. In diesem Fall hätte er sich sehr für Versicherungsfragen interessiert, aber nicht für Isopropyltrimethylmethan. Auf jeden Fall ist es nicht normal, die Zeit und Mühe, die Wissenschaftler in ihre Arbeit stecken, in die Befriedigung bloßer Neugierde zu stecken. Die »Neugier«-Erklärung für das Motiv der Wissenschaftler ist einfach nicht stichhaltig.

88. Die Erklärung »zum Wohle der Menschheit« funktioniert auch nicht besser. Einige wissenschaftliche Arbeiten haben keinen denkbaren Bezug zum Wohlergehen der Menschheit – der größte Teil der Archäologie oder der vergleichenden Sprachwissenschaft zum Beispiel. Einige andere Bereiche der Wissenschaft bieten offensichtliche Gefahren. Dennoch sind Wissenschaftler in diesen Bereichen genauso begeistert von ihrer Arbeit wie diejenigen, die Impfstoffe entwickeln oder die Luftverschmutzung untersuchen. Nehmen wir den Fall von Dr. Edward Teller, der sich offensichtlich emotional für die Förderung von Kernkraftwerken einsetzte. Entstand dieses Engagement aus dem Wunsch heraus, der Menschheit zu nützen? Wenn ja, warum hat sich Dr. Teller dann nicht für andere »humanitäre« Anliegen engagiert? Wenn er ein solcher Menschenfreund war, warum half er dann bei der Entwicklung der Wasserstoffbombe? Wie bei vielen anderen wissenschaftlichen Errungenschaften ist es sehr fraglich, ob Kernkraftwerke tatsächlich einen Nutzen für die Menschheit darstellen. Wiegt der billige Strom die anfallenden Abfälle und das Risiko von Unfällen auf? Dr. Teller sah nur eine Seite der Medaille. Seine emotionale Beteiligung an der Kernenergie entsprang eindeutig nicht dem Wunsch, »der Menschheit zu nützen«, sondern der persönlichen Erfüllung, die er aus seiner Arbeit und ihrer praktischen Anwendung zog.

89. Das Gleiche gilt für Wissenschaftler im Allgemeinen. Von einigen wenigen Ausnahmen abgesehen, ist ihr Motiv weder Neugier noch der Wunsch, der Menschheit zu nützen, sondern das Bedürfnis, den Power Process zu durchlaufen: ein Ziel zu haben (ein wissenschaftliches Problem zu lösen), eine Anstrengung zu unternehmen (Forschung) und das Ziel zu erreichen (Lösung des Problems). Die Wissenschaft ist eine Ersatzhandlung, denn Wissenschaftler arbeiten hauptsächlich wegen der Erfüllung, die sie aus der Arbeit selbst ziehen.

90. Natürlich ist es nicht ganz so einfach. Für viele Wissenschaftler spielen andere Motive eine Rolle. Geld und Status, zum Beispiel. Manche Wissenschaftler gehören zu dem Typus, der ein unstillbares Streben nach Status hat (siehe Abschnitt 79), und dies kann einen Großteil der Motivation für ihre Arbeit ausmachen. Zweifellos ist die Mehrheit der Wissenschaftler, wie die Mehrheit der allgemeinen Bevölkerung, mehr oder weniger empfänglich für Werbe- und Marketingtechniken und braucht Geld, um ihr Verlangen nach Waren und Dienstleistungen zu befriedigen. Die Wissenschaft ist also keine reine Ersatzhandlung. Aber sie ist zu einem großen Teil eine Ersatzhandlung.

91. Außerdem stellen Wissenschaft und Technologie eine mächtige Massenbewegung dar, und viele Wissenschaftler befriedigen ihr Machtbedürfnis durch Identifikation mit dieser Massenbewegung. (Siehe Abschnitt 83.)

92. So schreitet die Wissenschaft blindlings voran, ohne Rücksicht auf das wirkliche Wohlergehen der Menschheit oder auf irgendeinen anderen Maßstab, nur den psychologischen Bedürfnissen der Wissenschaftler und der Regierungsbeamten und Konzernchefs gehorchend, die die Mittel für die Forschung bereitstellen.

Das Wesen der Freiheit

93. Wir werden argumentieren, dass die industriell-technologische Gesellschaft nicht so reformiert werden kann, dass sie den menschli-

chen Freiraum nicht immer weiter einschränkt. Da aber »Freiheit« ein Wort ist, das in vielerlei Hinsicht interpretiert werden kann, müssen wir zunächst klarstellen, von welcher Art von Freiheit wir hier sprechen.

94. Mit »Freiheit« meinen wir die Möglichkeit, den Power Process zu durchlaufen – mit echten Zielen, nicht den künstlichen Zielen der Ersatzhandlungen – und ohne Einmischung, Manipulation oder Überwachung durch irgendjemanden, insbesondere durch eine große Organisation. Freiheit bedeutet, dass man (als Einzelperson oder als Mitglied einer *kleinen* Gruppe) die Kontrolle über die lebenswichtigen Dinge des eigenen Daseins hat: Nahrung, Kleidung, Unterkunft und Verteidigung gegen jegliche Bedrohung in der eigenen Umgebung. Freiheit bedeutet, Macht zu haben; nicht die Macht, andere Menschen zu kontrollieren, sondern die Macht, die Umstände des eigenen Lebens zu kontrollieren. Man hat keine Freiheit, wenn jemand anderes (insbesondere eine große Organisation) Macht über einen hat, egal wie wohlwollend, tolerant und freizügig diese Macht ausgeübt werden mag. Es ist wichtig, Freiheit nicht mit bloßer Freizügigkeit zu verwechseln. (Siehe Abschnitt 72.)

95. Man sagt, dass wir in einer freien Gesellschaft leben, weil wir eine bestimmte Anzahl von verfassungsmäßig garantierten Rechten haben. Diese sind jedoch nicht so wichtig, wie sie scheinen. Der Grad der persönlichen Freiheit in einer Gesellschaft wird eher durch die wirtschaftliche und technologische Struktur der Gesellschaft bestimmt als durch ihre Gesetze oder ihre Regierungsform.[16] Die meisten indianischen Völker Neuenglands waren Monarchien und viele der Städte der italienischen Renaissance wurden von Diktatoren regiert. Doch wenn man über diese Gesellschaften liest, gewinnt man den Eindruck, dass sie viel mehr persönliche Freiheit zuließen als unsere Gesellschaft. Das lag zum Teil daran, dass ihnen effiziente Mechanismen zur Durchsetzung des Herrscherwillens fehlten: Es gab keine modernen, gut organisierten Polizeikräfte, keine schnelle Fernkommunikation, keine Überwachungskameras, keine Dossiers mit Informationen über das Le-

ben der Durchschnittsbürger. Daher war es relativ einfach, sich der Kontrolle zu entziehen.

96. Was unsere verfassungsmäßigen Rechte anbelangt, so denken wir zum Beispiel an das Recht auf Pressefreiheit. Wir wollen dieses Recht gewiss nicht in Frage stellen; es ist ein sehr wichtiges Instrument, um die Konzentration politischer Macht zu begrenzen und diejenigen, die politische Macht haben, in Schach zu halten, indem ihr Fehlverhalten öffentlich gemacht wird. Für den Durchschnittsbürger als Individuum ist die Pressefreiheit jedoch von sehr geringem Nutzen. Die Massenmedien stehen meist unter der Kontrolle großer Organisationen, die in das System eingebunden sind. Jeder, der ein wenig Geld hat, kann etwas drucken lassen oder im Internet oder auf andere Weise verbreiten, aber das, was er zu sagen hat, wird von der riesigen Menge an Material, das von den Medien veröffentlicht wird, überschwemmt und hat daher keine praktische Wirkung. Für die meisten Einzelpersonen und kleinen Gruppen ist es daher fast unmöglich, mit Worten Eindruck auf die Gesellschaft zu machen. Nehmen Sie uns (FC) als Beispiel. Hätten wir nie eine Gewalttat begangen und die vorliegenden Schriften bei einem Verlag eingereicht, wären sie wahrscheinlich nicht angenommen worden. Und selbst wenn sie angenommen und veröffentlicht worden wären, hätten sie wahrscheinlich nicht viele Leser gefunden, denn es macht mehr Spaß, sich die von den Medien verbreitete Unterhaltung anzusehen, als einen nüchternen Aufsatz zu lesen. Selbst wenn diese Schriften viele Leser gefunden hätten, hätten die meisten von ihnen das Gelesene bald wieder vergessen, da ihr Verstand von der Masse des Materials, dem die Medien sie aussetzen, überschwemmt war. Um unsere Botschaft mit einer gewissen Chance auf einen bleibenden Eindruck an die Öffentlichkeit zu bringen, mussten wir Menschen töten.

97. Verfassungsmäßige Rechte sind bis zu einem gewissen Grad nützlich, aber sie dienen nicht dazu, viel mehr zu garantieren als das, was man die bürgerliche Auffassung von Freiheit nennen könnte. Nach der bürgerlichen Auffassung ist ein »freier« Mensch im Wesentlichen ein

Element einer gesellschaftlichen Maschine und verfügt nur über eine bestimmte Reihe vorgeschriebener und begrenzter Freiheiten; Freiheiten, die dazu bestimmt sind, den Bedürfnissen der gesellschaftlichen Maschine mehr zu dienen als denen des Einzelnen. So hat der »freie« Mensch der Bourgeoisie wirtschaftliche Freiheit, weil dies Wachstum und Fortschritt fördert; er hat Pressefreiheit, weil öffentliche Kritik das Fehlverhalten der politischen Führer eindämmt; er hat ein Recht auf ein faires Gerichtsverfahren, weil eine Inhaftierung nach Laune der Mächtigen schlecht für das System wäre. Dies war eindeutig die Haltung von Simón Bolívar. Für ihn verdienten die Menschen die Freiheit nur dann, wenn sie sie zur Förderung des Fortschritts (des Fortschritts im Sinne der Bourgeoisie) einsetzten. Auch andere bürgerliche Denker haben die Freiheit als bloßes Mittel zum kollektiven Zweck betrachtet. Chester C. Tan, *Chinese Political Thought in the Twentieth Century*, Seite 202, erläutert die Philosophie des Kuomintang-Führers Hu Han-Min: »Einem Individuum werden Rechte zugestanden, weil es ein Mitglied der Gesellschaft ist und sein Leben in der Gemeinschaft solche Rechte erfordert. Mit Gemeinschaft meinte Hu die gesamte Gesellschaft oder die Nation.« Und auf Seite 259 erklärt Tan, dass nach Carsun Chang (Chang Chun-Mai, Chef der Sozialistischen Staatspartei Chinas) die Freiheit im Interesse des Staates und des gesamten Volkes genutzt werden müsse. Aber was für eine Art von Freiheit hat man, wenn man sie nur so nutzen kann, wie jemand anderes es vorschreibt? Unsere Auffassung von Freiheit ist nicht die von Bolívar, Hu, Chang oder anderen bourgeoisen Theoretikern. Das Problem mit diesen Theoretikern ist, dass sie die Entwicklung und Anwendung von Gesellschaftstheorien zu ihrer Ersatzhandlung gemacht haben. Folglich dienen die Theorien mehr den Bedürfnissen der Theoretiker als den Bedürfnissen der Menschen, die das Pech haben, in einer Gesellschaft zu leben, der diese Theorien aufgezwungen werden.

98. Ein weiterer Punkt, der in diesem Abschnitt zu beachten ist: Es sollte nicht davon ausgegangen werden, dass ein Mensch genug Frei-

heit hat, nur weil er *sagt*, dass er genug hat. Die Freiheit wird zum Teil durch psychologische Kontrollen eingeschränkt, derer sich die Menschen nicht bewusst sind, und darüber hinaus werden die Vorstellungen vieler Menschen davon, was Freiheit ausmacht, mehr von gesellschaftlichen Konventionen als von ihren tatsächlichen Bedürfnissen bestimmt. Zum Beispiel würden wahrscheinlich viele Linke des übersozialisierten Typs sagen, dass die meisten Menschen, sie selbst eingeschlossen, eher zu wenig als zu viel sozialisiert sind, doch der übersozialisierte Linke zahlt einen hohen psychologischen Preis für sein hohes Maß an Sozialisation.

Einige Grundsätze der Geschichte

99. Stellen Sie sich die Geschichte als die Summe zweier Komponenten vor: eine sprunghafte Komponente, die aus unvorhersehbaren Ereignissen besteht, die keinem erkennbaren Muster folgen, und eine regelmäßige Komponente, die aus langfristigen historischen Trends besteht. Wir befassen uns hier mit den langfristigen Trends.

100. *Erster Grundsatz.* Wenn eine *kleine* Änderung vorgenommen wird, die sich auf einen langfristigen historischen Trend auswirkt, dann ist die Auswirkung dieser Änderung fast immer nur vorübergehend – der Trend kehrt bald wieder zu seinem ursprünglichen Zustand zurück. (Beispiel: Eine Reformbewegung, die die politische Korruption in einer Gesellschaft beseitigen soll, hat selten mehr als eine kurzfristige Wirkung; früher oder später lassen die Reformer nach und die Korruption schleicht sich wieder ein. Das Ausmaß der politischen Korruption in einer bestimmten Gesellschaft bleibt in der Regel konstant oder ändert sich nur langsam mit der Entwicklung der Gesellschaft. Normalerweise ist eine politische Säuberung nur dann von Dauer, wenn sie von weitreichenden gesellschaftlichen Veränderungen begleitet wird; eine *kleine* Veränderung in der Gesellschaft reicht nicht aus.) Wenn eine kleine Änderung in einem langfristigen historischen Trend dauerhaft zu sein

scheint, dann nur, weil die Änderung in die Richtung wirkt, in die sich der Trend bereits bewegt, so dass der Trend nicht geändert, sondern nur einen Schritt vorangetrieben wird.

101. Der erste Grundsatz ist fast eine Tautologie. Wäre ein Trend in Bezug auf kleine Veränderungen nicht stabil, würde er eher zufällig wandern, als einer bestimmten Richtung zu folgen; mit anderen Worten, es wäre überhaupt kein langfristiger Trend.

102. *Zweiter Grundsatz.* Wenn eine Veränderung vorgenommen wird, die groß genug ist, um einen langfristigen historischen Trend dauerhaft zu verändern, dann wird sie die Gesellschaft als Ganzes verändern. Mit anderen Worten: Eine Gesellschaft ist ein System, in dem alle Teile miteinander verbunden sind, und man kann keinen wichtigen Teil dauerhaft verändern, ohne auch alle anderen Teile zu verändern.

103. *Dritter Grundsatz.* Wenn eine Veränderung vorgenommen wird, die groß genug ist, um einen langfristigen Trend dauerhaft zu verändern, dann können die Folgen für die Gesellschaft als Ganzes nicht im Voraus vorhergesagt werden. (Es sei denn, verschiedene andere Gesellschaften haben dieselbe Veränderung durchlaufen und alle dieselben Folgen erlebt. In diesem Fall kann man aus empirischen Gründen vorhersagen, dass eine andere Gesellschaft, die dieselbe Veränderung durchläuft, wahrscheinlich ähnliche Folgen erleben wird.)

104. *Vierter Grundsatz.* Eine neue Art von Gesellschaft kann nicht auf dem Papier entworfen werden. Das heißt, man kann eine neue Form der Gesellschaft nicht im Voraus planen, sie dann einrichten und erwarten, dass sie so funktioniert, wie sie geplant wurde.

105. Der dritte und vierte Grundsatz ergeben sich aus der Komplexität der menschlichen Gesellschaft. Eine Veränderung des menschlichen Verhaltens wird sich auf die Wirtschaft einer Gesellschaft und ihre physische Umwelt auswirken; die Wirtschaft wird sich auf die Umwelt auswirken und umgekehrt, und die Veränderungen in der Wirtschaft und der Umwelt werden sich auf komplexe, unvorhersehbare Weise auf das menschliche Verhalten auswirken, und so weiter. Das Netz von

Ursachen und Wirkungen ist viel zu komplex, um es zu entwirren und zu verstehen.

106. *Fünfter Grundsatz.* Die Menschen entscheiden sich nicht bewusst und rational für die Form ihrer Gesellschaft. Gesellschaften entwickeln sich durch Prozesse der sozialen Evolution, die nicht unter rationaler menschlicher Kontrolle stehen.

107. Der fünfte Grundsatz ist eine Folge der anderen vier.

108. Zur Veranschaulichung: Nach dem ersten Grundsatz wirkt ein gesellschaftlicher Reformversuch in der Regel entweder in die Richtung, in die sich die Gesellschaft ohnehin entwickelt (er beschleunigt also nur einen Wandel, der ohnehin stattgefunden hätte), oder er hat nur eine vorübergehende Wirkung, so dass die Gesellschaft bald wieder in den alten Trott zurückfällt. Um die Entwicklungsrichtung eines wichtigen Aspekts einer Gesellschaft dauerhaft zu ändern, reichen Reformen nicht aus, sondern es bedarf einer Revolution. (Eine Revolution muss nicht notwendigerweise mit einem bewaffneten Aufstand oder dem Sturz einer Regierung einhergehen.) Der zweite Grundsatz besagt, dass eine Revolution niemals nur einen Aspekt einer Gesellschaft verändert, sondern die gesamte Gesellschaft; und der dritte Grundsatz besagt, dass Veränderungen eintreten, die von den Revolutionären weder erwartet noch gewünscht wurden. Der vierte Grundsatz besagt, dass es nie nach Plan abläuft, wenn Revolutionäre oder Utopisten eine neue Art von Gesellschaft aufbauen.

109. Die amerikanische Revolution ist kein Gegenbeispiel. Die amerikanische »Revolution« war keine Revolution in unserem Sinne, sondern ein Unabhängigkeitskrieg, dem eine recht weitreichende politische Reform folgte. Die Gründerväter änderten die Entwicklungsrichtung der amerikanischen Gesellschaft nicht, und sie hatten auch nicht die Absicht, dies zu tun. Sie befreiten lediglich die Entwicklung der amerikanischen Gesellschaft von der verzögernden Wirkung der britischen Herrschaft. Ihre politischen Reformen änderten keine grundlegende Tendenz, sondern brachten die amerikanische politische Kultur ledig-

lich in ihre natürliche Entwicklungsrichtung. Die britische Gesellschaft, aus der die amerikanische hervorging, hatte sich schon seit langem in Richtung repräsentativer Demokratie entwickelt. Und vor dem Unabhängigkeitskrieg praktizierten die Amerikaner bereits ein erhebliches Maß an repräsentativer Demokratie in den Kolonialversammlungen. Das durch die Verfassung geschaffene politische System orientierte sich am britischen System und an den Kolonialversammlungen. Allerdings mit erheblichen Änderungen – es besteht kein Zweifel, dass die Gründerväter einen sehr wichtigen Schritt getan haben. Aber es war ein Schritt auf einem Weg, auf dem die englischsprachige Welt bereits unterwegs war. Der Beweis dafür ist, dass Großbritannien und alle seine Kolonien, die überwiegend von Menschen britischer Abstammung bevölkert waren, am Ende über Systeme der repräsentativen Demokratie verfügten, die denen der Vereinigten Staaten im Wesentlichen ähneln. Hätten die Gründerväter die Nerven verloren und sich geweigert, die Unabhängigkeitserklärung zu unterzeichnen, wäre unsere heutige Lebensweise nicht wesentlich anders. Vielleicht hätten wir etwas engere Beziehungen zu Großbritannien und hätten ein Parlament und einen Premierminister statt eines Kongresses und eines Präsidenten gehabt. Keine große Sache. Die Amerikanische Revolution ist also kein Gegenbeispiel für unsere Grundsätze, sondern ein gutes Beispiel für sie.

110. Dennoch muss man bei der Anwendung dieser Grundsätze den gesunden Menschenverstand walten lassen. Sie sind in einer unpräzisen Sprache formuliert, die Spielraum für Interpretationen lässt, und es lassen sich Ausnahmen von ihnen finden. Daher stellen wir diese Grundsätze nicht als unumstößliche Gesetze dar, sondern als Faustregeln oder Denkanstöße, die naiven Vorstellungen über die Zukunft der Gesellschaft ein wenig entgegenwirken können. Die Grundsätze sollten stets im Hinterkopf behalten werden, und wann immer man zu einer Schlussfolgerung gelangt, die im Widerspruch zu ihnen steht, sollte man sein Denken sorgfältig überprüfen und die Schlussfolgerung nur dann beibehalten, wenn man gute, solide Gründe dafür hat.

Die industriell-technologische Gesellschaft kann nicht reformiert werden

111. Die genannten Grundsätze zeigen, wie hoffnungslos schwierig es wäre, das industrielle System so zu reformieren, dass es unseren Freiraum nicht immer weiter einschränkt. Mindestens seit der industriellen Revolution besteht die Tendenz, dass die Technologie das System stärkt, und zwar auf Kosten der individuellen Freiheit und der lokalen Autonomie. Jede Änderung, die darauf abzielt, die Freiheit vor der Technologie zu schützen, würde daher einem grundlegenden Trend in der Entwicklung unserer Gesellschaft zuwiderlaufen. Folglich wäre eine solche Veränderung entweder nur vorübergehend – und würde bald vom Lauf der Geschichte überrollt – oder sie würde, wenn sie groß genug wäre, um dauerhaft zu sein, das Wesen unserer gesamten Gesellschaft verändern. Dies ergibt sich aus dem ersten und zweiten Grundsatz. Da sich die Gesellschaft in einer Weise verändern würde, die nicht vorhersehbar ist (dritter Grundsatz), bestünde außerdem ein großes Risiko. Veränderungen, die groß genug wären, um einen dauerhaften Unterschied zugunsten der Freiheit zu bewirken, würden nicht in Angriff genommen, weil man erkennen würde, dass sie das System ernsthaft stören würden. Daher wären alle Reformversuche zu zaghaft, um wirksam zu sein. Selbst wenn Veränderungen eingeleitet würden, die groß genug wären, um einen dauerhaften Unterschied zu bewirken, würden sie wieder zurückgenommen, sobald ihre störenden Auswirkungen offensichtlich würden. Dauerhafte Veränderungen zugunsten der Freiheit könnten also nur von Personen herbeigeführt werden, die bereit sind, radikale, gefährliche und unvorhersehbare Veränderungen des gesamten Systems zu akzeptieren. Mit anderen Worten: von Revolutionären, nicht von Reformern.

112. Menschen, die die Freiheit retten wollen, ohne die vermeintlichen Vorteile der Technologie zu opfern, werden naive Pläne für eine neue Gesellschaftsform vorschlagen, die Freiheit und Technologie in

Einklang bringen soll. Abgesehen von der Tatsache, dass die Leute, die solche Vorschläge machen, selten irgendwelche praktischen Mittel vorschlagen, mit denen die neue Gesellschaftsform überhaupt eingerichtet werden könnte, folgt aus dem vierten Grundsatz, dass selbst wenn die neue Gesellschaftsform einmal eingerichtet werden könnte, sie entweder zusammenbrechen oder zu ganz anderen Ergebnissen führen würde als erwartet.

113. Selbst aus sehr allgemeinen Gründen scheint es also höchst unwahrscheinlich, dass ein Weg zur Veränderung der Gesellschaft gefunden werden kann, der Freiheit und moderne Technologie miteinander in Einklang bringt. In den nächsten Abschnitten werden wir konkretere Gründe für die Schlussfolgerung anführen, dass Freiheit und technologischer Fortschritt unvereinbar sind.

Die Einschränkung der Freiheit ist in der Industriegesellschaft unvermeidlich

114. Wie in den Abschnitten 65-67, 70-73 dargelegt, ist der moderne Mensch durch ein Netz von Regeln und Vorschriften gefesselt, und sein Schicksal hängt von den Handlungen von Personen ab, die ihm fremd sind und deren Entscheidungen er nicht beeinflussen kann. Dies ist kein Zufall oder eine Folge der Willkür arroganter Bürokraten. Es ist notwendig und unvermeidlich in jeder technologisch fortgeschrittenen Gesellschaft. Das System muss das menschliche Verhalten genau regulieren, um zu funktionieren. Bei der Arbeit müssen die Menschen tun, was ihnen gesagt wird, wann sie es tun sollen und wie sie es tun sollen, sonst würde die Produktion im Chaos versinken. Bürokratien *müssen* nach starren Regeln geführt werden. Würde man Bürokraten der unteren Ebenen einen erheblichen persönlichen Ermessensspielraum einräumen, würde dies das System stören und zu Vorwürfen der Ungerechtigkeit führen, weil die einzelnen Bürokraten ihren Ermessensspielraum unterschiedlich ausnutzen. Es stimmt, dass einige Einschränkungen un-

serer Freiheit beseitigt werden könnten, aber *im Allgemeinen* ist die Regulierung unseres Lebens durch große Organisationen für das Funktionieren der industriell-technologischen Gesellschaft notwendig. Das Ergebnis ist ein Gefühl der Ohnmacht des Durchschnittsbürgers. Es könnte jedoch sein, dass formale Regelungen zunehmend durch psychologische Instrumente ersetzt werden, die uns dazu bringen, das tun zu wollen, was das System von uns verlangt. (Propaganda,[14] Bildungstechniken, Programme zur »geistigen Gesundheit« usw.)

115. Das System *muss* die Menschen dazu zwingen, sich in einer Weise zu verhalten, die immer weiter von den natürlichen Mustern des menschlichen Verhaltens entfernt ist. Zum Beispiel braucht das System Wissenschaftler, Mathematiker und Ingenieure. Ohne sie kann es nicht funktionieren. Deshalb wird auf Kinder ein starker Druck ausgeübt, sich in diesen Bereichen besonders hervorzutun. Es ist nicht natürlich, dass ein heranwachsender Mensch die meiste Zeit am Schreibtisch sitzt und in seine Studien vertieft ist. Ein normaler Jugendlicher möchte seine Zeit in aktivem Kontakt mit der realen Welt verbringen. Bei Naturvölkern stehen die Dinge, zu denen Kinder erzogen werden, in der Regel in angemessenem Einklang mit den natürlichen menschlichen Impulsen. Bei den Indianern zum Beispiel wurden Jungen zu aktiven Beschäftigungen in der freien Natur erzogen – genau die Art von Dingen, die Jungen mögen. Aber in unserer Gesellschaft werden die Kinder zum Studium technischer Fächer gedrängt, was die meisten nur widerwillig tun.

116. Aufgrund des ständigen Drucks, den das System ausübt, um das menschliche Verhalten zu ändern, nimmt die Zahl der Menschen, die sich nicht an die Anforderungen der Gesellschaft anpassen können oder wollen, allmählich zu: Sozialschmarotzer, Mitglieder von Jugendbanden, Sektenmitglieder, regierungsfeindliche Rebellen, radikale Umweltsaboteure, Aussteiger und Widerständler verschiedener Art.

117. In jeder technologisch fortgeschrittenen Gesellschaft *muss* das Schicksal des Einzelnen von Entscheidungen abhängen, die er persön-

lich kaum beeinflussen kann. Eine technologische Gesellschaft kann nicht in kleine, autonome Gemeinschaften aufgeteilt werden, weil die Produktion von der Zusammenarbeit einer sehr großen Zahl von Menschen und Maschinen abhängt. Eine solche Gesellschaft *muss* hochgradig organisiert sein, und es *müssen* Entscheidungen getroffen werden, die eine sehr große Zahl von Menschen betreffen. Wenn eine Entscheidung z.b. eine Million Menschen betrifft, dann hat jedes der betroffenen Individuen im Durchschnitt nur einen Anteil von einem Millionstel an der Entscheidungsfindung. In der Praxis werden Entscheidungen in der Regel von Beamten, Unternehmensleitern oder Fachleuten getroffen, aber selbst wenn die Öffentlichkeit über eine Entscheidung abstimmt, ist die Zahl der Wähler in der Regel zu groß, als dass die Stimme eines Einzelnen von Bedeutung wäre.[17] Daher sind die meisten Menschen nicht in der Lage, die wichtigsten Entscheidungen, die ihr Leben betreffen, messbar zu beeinflussen. Es gibt keine denkbare Möglichkeit, dies in einer technologisch fortgeschrittenen Gesellschaft zu ändern. Das System versucht, dieses Problem durch Propaganda zu »lösen«, um den Menschen die Entscheidungen *schmackhaft zu machen*, die für sie getroffen wurden, aber selbst wenn diese »Lösung« erfolgreich dabei wäre, den Menschen ein besseres Gefühl zu geben, wäre sie erniedrigend.

118. Die Konservativen und einige andere plädieren für mehr »lokale Autonomie«. Lokale Gemeinschaften hatten einmal Autonomie, aber eine solche Autonomie ist immer weniger möglich, da lokale Gemeinschaften mehr und mehr mit großen Systemen wie öffentlichen Versorgungsbetrieben, Computernetzwerken, Autobahnsystemen, Massenkommunikationsmedien und dem modernen Gesundheitssystem verwoben und von ihnen abhängig sind. Gegen die Autonomie spricht auch die Tatsache, dass die an einem Ort angewandte Technologie oft Auswirkungen auf Menschen an anderen, weit entfernten Orten hat. So kann der Einsatz von Pestiziden oder Chemikalien in der Nähe eines Baches die Wasserversorgung Hunderte von Kilometern flussabwärts verseu-

chen und der Treibhauseffekt betrifft die ganze Welt.

119. Das System existiert nicht und kann nicht existieren, um menschliche Bedürfnisse zu befriedigen. Vielmehr ist es das menschliche Verhalten, das verändert werden muss, um den Bedürfnissen des Systems zu entsprechen. Das hat nichts mit der politischen oder gesellschaftlichen Ideologie zu tun, die vorgibt, das technologische System zu leiten. Es ist nicht die Schuld des Kapitalismus und nicht die Schuld des Sozialismus. Es ist die Schuld der Technologie, denn das System wird nicht von einer Ideologie, sondern von technischen Notwendigkeiten geleitet.[18] Natürlich befriedigt das System viele menschliche Bedürfnisse, aber im Allgemeinen tut es dies nur in dem Maße, wie es dem System nutzt. Es sind die Bedürfnisse des Systems, die im Vordergrund stehen, nicht die des Menschen. Das System versorgt die Menschen beispielsweise mit Nahrung, weil es nicht funktionieren könnte, wenn alle hungern würden; es kümmert sich um die psychologischen Bedürfnisse der Menschen, wann immer es dem *System gut passt*, weil es nicht funktionieren könnte, wenn zu viele Menschen depressiv oder rebellisch würden. Aber das System muss aus guten, handfesten, praktischen Gründen ständig Druck auf die Menschen ausüben, damit sie ihr Verhalten an die Bedürfnisse des Systems anpassen. Häufen sich zu viele Abfälle an? Die Regierung, die Medien, das Bildungssystem, die Umweltschützer, alle überschwemmen uns mit einer Flut von Propaganda über Recycling. Wird mehr technisches Personal benötigt? Ein Chor von Stimmen ermahnt Kinder, Naturwissenschaften zu studieren. Niemand fragt, ob es unmenschlich ist, Jugendliche zu zwingen, den Großteil ihrer Zeit mit dem Studium von Fächern zu verbringen, die die meisten von ihnen hassen. Wenn Fachkräfte durch den technischen Fortschritt arbeitslos werden und sich einer »Umschulung« unterziehen müssen, fragt niemand, ob es für sie demütigend ist, auf diese Weise herumgeschubst zu werden. Es wird einfach als selbstverständlich hingenommen, dass sich alle den technischen Notwendigkeiten beugen müssen. Und das aus gutem Grund: Würden die menschlichen Bedürf-

nisse über die technischen Notwendigkeiten gestellt, gäbe es wirtschaftliche Probleme, Arbeitslosigkeit, Engpässe oder Schlimmeres. Der Begriff »psychische Gesundheit« definiert sich in unserer Gesellschaft vor
allem darüber, inwieweit sich der Einzelne im Einklang mit den Erfor-
dernissen des Systems verhält, ohne Anzeichen von Stress zu zeigen.

120. Die Bemühungen, innerhalb des Systems Raum für ein Gefühl
von Bedeutung und für Autonomie zu schaffen, sind nicht mehr als ein
Witz. So ließ ein Unternehmen seine Mitarbeiter nicht nur einen Teil eines Katalogs zusammenstellen, sondern einen ganzen Katalog, was ihnen ein Gefühl von Sinn und Erfolg vermitteln sollte. Einige
Unternehmen haben versucht, ihren Mitarbeitern mehr Autonomie bei
ihrer Arbeit einzuräumen, aber aus praktischen Gründen ist dies in der
Regel nur in sehr begrenztem Umfang möglich, und in jedem Fall erhalten die Mitarbeiter niemals Autonomie in Bezug auf die letztendlichen
Ziele – ihre »autonomen« Bemühungen können niemals auf Ziele gerichtet sein, die sie persönlich wählen, sondern nur auf die Ziele ihres
Arbeitgebers, wie das Überleben und das Wachstum des Unternehmens.
Jedes Unternehmen würde bald pleite gehen, wenn es seinen Mitarbeitern erlauben würde, anders zu handeln. In ähnlicher Weise müssen
die Arbeitnehmer in jedem Unternehmen innerhalb eines sozialistischen Systems ihre Bemühungen auf die Ziele des Unternehmens aus-
richten, da das Unternehmen sonst seinen Zweck als Teil des Systems
nicht erfüllen kann. Noch einmal: Aus rein technischen Gründen ist es
für die meisten Einzelpersonen oder kleinen Gruppen in der Industriegesellschaft nicht möglich, viel Autonomie zu haben. Selbst der Eigen-
tümer eines Kleinunternehmens hat in der Regel nur eine begrenzte
Autonomie. Abgesehen von der Notwendigkeit staatlicher Regulierung
wird er durch die Tatsache eingeschränkt, dass er sich in das Wirt-
schaftssystem einfügen und dessen Anforderungen erfüllen muss. Wenn
zum Beispiel jemand eine neue Technologie entwickelt, muss der Klein-
unternehmer diese Technologie oft nutzen, ob er will oder nicht, um
wettbewerbsfähig zu bleiben.

Die »schlechten« Seiten der Technologie können nicht von den »guten« Seiten getrennt werden

121. Ein weiterer Grund, warum die Industriegesellschaft nicht zugunsten der Freiheit reformiert werden kann, ist, dass die moderne Technologie ein einheitliches System ist, in dem alle Teile voneinander abhängig sind. Man kann nicht die »schlechten« Teile der Technologie loswerden und nur die »guten« Teile behalten. Nehmen wir zum Beispiel die moderne Medizin. Fortschritte in der Medizin hängen von Fortschritten in Chemie, Physik, Biologie, Informatik und anderen Bereichen ab. Fortschrittliche medizinische Behandlungen erfordern teure Hightech-Geräte, die nur von einer technologisch fortschrittlichen, wirtschaftlich reichen Gesellschaft zur Verfügung gestellt werden können. Es liegt auf der Hand, dass es ohne das gesamte technologische System und alles, was damit zusammenhängt, keine großen Fortschritte in der Medizin geben kann.

122. Selbst wenn der medizinische Fortschritt ohne den Rest des technologischen Systems aufrechterhalten werden könnte, würde er selbst gewisse Übel mit sich bringen. Nehmen wir zum Beispiel an, dass ein Heilmittel für Diabetes entdeckt wird. Menschen mit einer genetischen Veranlagung zu Diabetes könnten dann genauso gut überleben und sich fortpflanzen wie alle anderen. Die natürliche Auslese gegen Gene für Diabetes würde aufhören, und solche Gene würden sich in der gesamten Bevölkerung verbreiten. (Dies geschieht möglicherweise bereits in gewissem Maße, da Diabetes zwar nicht heilbar ist, aber durch die Verwendung von Insulin kontrolliert werden kann.) Das Gleiche wird mit vielen anderen Krankheiten geschehen, deren Anfälligkeit durch genetische Faktoren beeinflusst wird (z. B. Krebs im Kindesalter), was zu einer massiven genetischen Degradierung der Bevölkerung führen wird. Die einzige Lösung wird eine Art Eugenik-Programm oder eine umfassende gentechnische Veränderung des Menschen sein, so dass der Mensch der Zukunft nicht mehr eine Schöpfung der Natur, des Zufalls

oder Gottes (je nach religiöser oder philosophischer Überzeugung) sein wird, sondern ein hergestelltes Produkt.

123. Wenn Sie glauben, dass der Staat *momentan* zu sehr in Ihr Leben eingreift, dann warten Sie nur, bis der Staat beginnt, die genetische Konstitution Ihrer Kinder zu regulieren. Eine solche Regulierung wird unweigerlich auf die Einführung der Gentechnik beim Menschen folgen, denn die Folgen einer unregulierten Gentechnik wären katastrophal.[19]

124. Die übliche Antwort auf solche Bedenken ist, von »medizinischer Ethik« zu sprechen. Ein Ethikkodex würde aber nicht dazu dienen, die Freiheit angesichts des medizinischen Fortschritts zu schützen, sondern würde die Situation nur verschlimmern. Ein auf die Gentechnik anwendbarer Ethikkodex wäre faktisch ein Mittel zur Regulierung der genetischen Konstitution des Menschen. Irgendjemand (wahrscheinlich vor allem die obere Mittelschicht) würde entscheiden, dass diese und jene Anwendungen der Gentechnik »ethisch« sind und andere nicht, so dass sie faktisch ihre eigenen Werte der genetischen Konstitution der gesamten Bevölkerung aufzwingen würden. Selbst wenn ein Ethikkodex auf völlig demokratischer Basis gewählt würde, würde die Mehrheit ihre eigenen Werte allen Minderheiten aufzwingen, die möglicherweise eine andere Vorstellung davon haben, was eine »ethische« Anwendung der Gentechnik darstellt. Der einzige Ethikkodex, der die Freiheit wirklich schützen würde, wäre ein Kodex, der *jegliche* Gentechnik am Menschen verbietet, und Sie können sicher sein, dass ein solcher Kodex in einer technologischen Gesellschaft niemals zur Anwendung kommen wird. Kein Kodex, der die Gentechnik auf eine untergeordnete Rolle reduzieren würde, könnte lange Bestand haben, denn die Verlockung, die von der immensen Macht der Biotechnologie ausgeht, wäre unwiderstehlich, zumal viele ihrer Anwendungen der Mehrheit der Menschen offensichtlich und eindeutig gut erscheinen werden (Beseitigung körperlicher und geistiger Krankheiten, Ausstattung der Menschen mit den Fähigkeiten, die sie brauchen, um in der heutigen

Welt zurechtzukommen). Es ist unvermeidlich, dass die Gentechnik in großem Umfang eingesetzt wird, aber nur in einer Weise, die mit den Bedürfnissen des industriell-technologischen Systems vereinbar ist.[20]

Technologie ist eine stärkere gesellschaftliche Kraft als das Streben nach Freiheit

125. Es ist nicht möglich, einen *dauerhaften* Kompromiss zwischen Technologie und Freiheit zu schließen, weil die Technologie die weitaus mächtigere gesellschaftliche Kraft ist und durch *wiederholte* Kompromisse ständig in die Freiheit eingreift. Man stelle sich den Fall zweier Nachbarn vor, von denen jeder zu Beginn gleich viel Land besitzt, von denen aber einer stärker ist als der andere. Der Stärkere verlangt einen Teil vom Land des anderen. Der Schwächere lehnt ab. Der Stärkere sagt: »Okay, lass uns einen Kompromiss schließen. Gib mir die Hälfte von dem, was ich verlangt habe.« Der Schwache hat keine andere Wahl, als nachzugeben. Einige Zeit später verlangt der starke Nachbar ein weiteres Stück Land, wieder gibt es einen Kompromiss, und so weiter. Indem er dem Schwächeren eine lange Reihe von Kompromissen aufzwingt, erhält der Stärkere schließlich sein gesamtes Land. So verhält es sich mit dem Konflikt zwischen Technologie und Freiheit.

126. Wir wollen erklären, warum die Technologie eine stärkere gesellschaftliche Kraft ist als das Streben nach Freiheit.

127. Ein technologischer Fortschritt, der die Freiheit nicht zu bedrohen scheint, stellt sich später oft als sehr ernsthafte Bedrohung heraus. Nehmen wir zum Beispiel den motorisierten Transport. Früher konnte ein Fußgänger gehen, wohin er wollte, er konnte sein eigenes Tempo gehen, ohne sich an Verkehrsregeln zu halten, und er war unabhängig von technischen Unterstützungssystemen. Als die Kraftfahrzeuge eingeführt wurden, schienen sie die Freiheit des Menschen zu vergrößern. Sie nahmen dem Fußgänger keine Freiheit, niemand musste ein Auto haben, wenn er es nicht wollte, und wer sich für ein Auto entschied,

konnte viel schneller und weiter reisen als ein Fußgänger. Doch die Einführung des motorisierten Verkehrs veränderte die Gesellschaft bald so, dass die Bewegungsfreiheit des Menschen stark eingeschränkt wurde. Als die Automobile zahlreich wurden, hielt man es für notwendig, ihre Benutzung umfassend zu regeln. Im Auto kann man sich, vor allem in dicht besiedelten Gebieten, nicht einfach nach Belieben fortbewegen, sondern wird durch den Verkehrsfluss und die verschiedenen Verkehrsregeln kontrolliert. Man ist an verschiedene Verpflichtungen gebunden: Führerscheinpflicht, Führerscheinprüfung, Erneuerung der Zulassung, Versicherung, sicherheitsrelevante Wartung, monatliche Zahlungen auf den Kaufpreis. Außerdem ist die Nutzung des motorisierten Verkehrs nicht mehr freiwillig. Seit der Einführung des motorisierten Verkehrs hat sich die Struktur unserer Städte so verändert, dass die Mehrheit der Menschen nicht mehr in fußläufiger Entfernung zu ihrem Arbeitsplatz, ihren Einkaufsmöglichkeiten und Freizeitangeboten wohnt, so dass sie auf das Auto *angewiesen* sind. Oder sie müssen öffentliche Verkehrsmittel benutzen, wobei sie noch weniger Kontrolle über ihre eigene Fortbewegung haben als beim Autofahren. Auch die Freiheit des Fußgängers ist heute stark eingeschränkt. In der Stadt muss er ständig anhalten und auf Ampeln warten, die hauptsächlich für den Autoverkehr ausgelegt sind. Auf dem Land macht es der Autoverkehr gefährlich und unangenehm, neben der Schnellstraße zu gehen. (Beachten Sie diesen wichtigen Punkt, den wir gerade am Beispiel des motorisierten Verkehrs illustriert haben: Wenn eine neue Technologie als Option eingeführt wird, die der Einzelne nach Belieben annehmen oder ablehnen kann, *bleibt* sie nicht unbedingt optional. In vielen Fällen verändert die neue Technologie die Gesellschaft so, dass sich die Menschen schließlich *gezwungen* sehen, sie zu nutzen.)

128. Während der technologische Fortschritt *insgesamt* unseren Freiraum immer weiter einschränkt, scheint jeder neue technische Fortschritt *für sich genommen* wünschenswert zu sein. Elektrizität, Sanitäreinrichtungen in Gebäuden, schnelle Fernkommunikation... wie

könnte man gegen eines dieser Dinge argumentieren, oder gegen irgendeinen anderen der unzähligen technischen Fortschritte, die die moderne Gesellschaft ausgemacht haben? Es wäre zum Beispiel absurd gewesen, sich der Einführung des Telefons zu widersetzen. Es bot viele Vorteile und keine Nachteile. Doch wie wir in den Abschnitten 59-76 erläutert haben, haben all diese technischen Fortschritte zusammengenommen eine Welt geschaffen, in der das Schicksal des Durchschnittsmenschen nicht mehr in seinen eigenen Händen oder in den Händen seiner Nachbarn und Freunde liegt, sondern in denen von Politikern, Konzernchefs und unnahbaren, anonymen Technikern und Bürokraten, auf die er als Einzelner keinen Einfluss hat.[21] Dieser Prozess wird sich auch in Zukunft fortsetzen. Nehmen wir zum Beispiel die Gentechnik. Nur wenige Menschen werden sich gegen die Einführung einer Gentechnik wehren, die eine Erbkrankheit beseitigt. Sie richtet keinen offensichtlichen Schaden an und verhindert viel Leid. Doch eine große Anzahl von genetischen Verbesserungen zusammengenommen wird den Menschen zu einem künstlichen Produkt machen und nicht zu einer freien Schöpfung des Zufalls (oder Gottes oder was auch immer, je nach religiöser Überzeugung).

129. Ein weiterer Grund, warum die Technologie eine so starke gesellschaftliche Kraft ist, besteht darin, dass der technologische Fortschritt im Rahmen einer bestimmten Gesellschaft nur in eine Richtung geht; er kann nicht rückgängig gemacht werden. Sobald eine technische Neuerung eingeführt wurde, werden die Menschen in der Regel von ihr abhängig, so dass sie nie wieder ohne sie auskommen können, es sei denn, sie wird durch eine noch fortschrittlichere Innovation ersetzt. Nicht nur die Menschen werden als Individuen von einer neuen Technologie abhängig, sondern mehr noch das System als Ganzes wird davon abhängig. (Stellen Sie sich vor, was mit dem heutigen System passieren würde, wenn zum Beispiel die Computer abgeschafft würden.) So kann sich das System nur in eine Richtung bewegen, nämlich in Richtung einer stärkeren Technologisierung. Die Technologie zwingt die Freiheit immer

wieder dazu, einen Schritt zurück zu machen, aber die Technologie kann niemals einen Schritt zurück machen – es sei denn, das gesamte technologische System wird gestürzt.

130. Die Technologie schreitet mit großer Geschwindigkeit voran und bedroht die Freiheit an vielen verschiedenen Stellen gleichzeitig (hohe Bevölkerungsdichte, Regeln und Vorschriften, zunehmende Abhängigkeit des Einzelnen von großen Organisationen, Propaganda und andere psychologische Techniken, Gentechnik, Eingriff in die Privatsphäre durch Überwachungsgeräte und Computer usw.). Um auch nur *eine* dieser Bedrohungen der Freiheit abzuwehren, wäre ein langer und schwieriger gesellschaftlicher Kampf erforderlich. Diejenigen, die die Freiheit schützen wollen, sind von der schieren Zahl neuer Angriffe und der Schnelligkeit, mit der sie sich entwickeln, überfordert, so dass sie apathisch werden und keinen Widerstand mehr leisten. Jede der Bedrohungen einzeln zu bekämpfen, wäre aussichtslos. Nur der Kampf gegen das technologische System als Ganzes könnte Erfolg versprechen, aber das ist Revolution, nicht Reform.

131. Techniker (wir verwenden diesen Begriff im weitesten Sinne, um all diejenigen zu beschreiben, die eine spezialisierte Aufgabe ausführen, die eine Ausbildung erfordert) neigen dazu, so sehr in ihre Arbeit (ihre Ersatzhandlung) eingebunden zu sein, dass sie sich bei einem Konflikt zwischen ihrer technischen Arbeit und der Freiheit fast immer für ihre technische Arbeit entscheiden. Dies ist bei Wissenschaftlern offensichtlich, tritt aber auch anderswo auf: Pädagogen, humanitäre Gruppen, Naturschutzorganisationen zögern nicht, Propaganda[14] oder andere psychologische Techniken einzusetzen, um ihre lobenswerten Ziele zu erreichen. Unternehmen und Regierungsbehörden zögern nicht, Informationen über Einzelpersonen zu sammeln, wenn sie diese für nützlich halten, ohne Rücksicht auf deren Privatsphäre. Die Strafverfolgungsbehörden stören sich häufig an den verfassungsmäßigen Rechten von Verdächtigen und oft auch von völlig unschuldigen Personen, und sie tun alles, was sie legal (oder manchmal auch illegal) tun können, um

diese Rechte einzuschränken oder zu umgehen. Die meisten dieser Pädagogen, Regierungsbeamten und Polizeibeamten glauben an die Freiheit, die Privatsphäre und die verfassungsmäßigen Rechte, aber wenn diese mit ihrer Arbeit in Konflikt geraten, haben sie in der Regel das Gefühl, dass ihre Arbeit wichtiger ist.

132. Es ist bekannt, dass Menschen im Allgemeinen besser und ausdauernder arbeiten, wenn sie nach einer Belohnung streben, als wenn sie versuchen, eine Bestrafung oder ein negatives Ergebnis zu vermeiden. Wissenschaftler und andere Techniker sind hauptsächlich durch die Belohnungen motiviert, die sie durch ihre Arbeit erhalten. Aber diejenigen, die sich gegen technologische Eingriffe in die Freiheit wehren, arbeiten, um ein negatives Ergebnis zu vermeiden, und deshalb gibt es nur wenige, die ausdauernd und gut an dieser entmutigenden Aufgabe arbeiten. Wenn die Reformer jemals einen deutlichen Sieg erringen würden, der eine solide Barriere gegen die weitere Aushöhlung der Freiheit durch den technischen Fortschritt zu errichten scheint, würden die meisten dazu neigen, sich zu entspannen und ihre Aufmerksamkeit angenehmeren Beschäftigungen zuzuwenden. Aber die Wissenschaftler würden weiter in ihren Labors arbeiten, und die fortschreitende Technologie würde trotz aller Hindernisse Wege finden, immer mehr Kontrolle über den Einzelnen auszuüben und ihn immer abhängiger vom System zu machen.

133. Kein gesellschaftliches Arrangement, seien es Gesetze, Institutionen, Sitten oder ethische Kodizes, kann einen dauerhaften Schutz gegen die Technologie bieten. Die Geschichte zeigt, dass alle gesellschaftlichen Arrangements vergänglich sind; sie alle ändern sich oder brechen irgendwann zusammen. Aber technologische Fortschritte sind im Rahmen einer bestimmten Zivilisation von Dauer. Nehmen wir zum Beispiel an, es wäre möglich, eine gesellschaftliche Regelung zu finden, die verhindert, dass die Gentechnik auf den Menschen angewandt wird, oder dass sie in einer Weise angewandt wird, die Freiheit und Würde bedroht. Die Technologie bliebe bestehen und würde warten. Früher

oder später würde das gesellschaftliche Arrangement zusammenbrechen. Angesichts des Tempos des Wandels in unserer Gesellschaft wohl
schon früher. Dann würde die Gentechnik beginnen, in unseren Freiraum einzudringen, und dieser Eingriff wäre nicht mehr rückgängig zu
machen (abgesehen von einem Zusammenbruch der technologischen
Zivilisation selbst). Jegliche Illusionen, durch gesellschaftliche Regelungen etwas Dauerhaftes zu erreichen, sollten durch das, was derzeit
[Stand 1995] mit der Umweltgesetzgebung geschieht, zerstreut werden.
Noch vor wenigen Jahren schien es, als gäbe es sichere gesetzliche
Schranken, die zumindest *ein paar* der schlimmsten Formen der Umweltzerstörung verhindern. Wenn sich der politische Wind dreht, beginnen diese Barrieren zu bröckeln.

134. Aus all diesen Gründen ist die Technologie eine stärkere gesellschaftliche Kraft als das Streben nach Freiheit. Diese Aussage erfordert
jedoch eine wichtige Einschränkung. Es sieht so aus, als ob das industriell-technologische System in den nächsten Jahrzehnten aufgrund wirt-
schaftlicher und ökologischer Probleme und vor allem aufgrund von
Problemen des menschlichen Verhaltens (Entfremdung, Rebellion, Feindseligkeit, eine Vielzahl gesellschaftlicher und psychologischer Schwierigkeiten) schweren Belastungen ausgesetzt sein wird. Wir hoffen, dass
die Belastungen, denen das System voraussichtlich ausgesetzt sein wird,
es zum Zusammenbruch bringen oder es zumindest so weit schwächen
werden, dass eine Revolution gegen das System möglich wird. Wenn eine solche Revolution stattfindet und erfolgreich ist, dann hat sich in diesem Moment das Streben nach Freiheit als stärker erwiesen als die
Technologie.

135. In Abschnitt 125 haben wir die Analogie eines schwachen Nachbarn verwendet, der von einem starken Nachbarn mittellos zurückge-
lassen wird, weil dieser ihm sein ganzes Land nimmt, indem er ihm eine
Reihe von Kompromissen aufzwingt. Nehmen wir nun an, dass der starke Nachbar krank wird, sodass er sich nicht mehr verteidigen kann. Der
schwache Nachbar kann den starken Nachbarn zwingen, ihm sein Land

zurückzugeben, oder er kann ihn töten. Wenn er den Starken überleben lässt und ihn nur zwingt, das Land zurückzugeben, ist er ein Narr, denn wenn der Starke wieder gesund wird, wird er wieder das ganze Land für sich beanspruchen. Die einzige vernünftige Alternative für den Schwächeren ist, den Starken zu töten, solange er die Chance dazu hat. Genauso müssen wir das industrielle System zerstören, solange es krank ist. Wenn wir Kompromisse mit ihm eingehen und es sich von seiner Krankheit erholen lassen, wird es schließlich all unsere Freiheit auslöschen.

Einfachere gesellschaftliche Probleme haben sich als unlösbar erwiesen

136. Wer immer noch glaubt, dass es möglich wäre, das System so zu reformieren, dass es die Freiheit vor der Technologie schützt, sollte bedenken, wie ungeschickt und größtenteils erfolglos unsere Gesellschaft mit anderen gesellschaftlichen Problemen umgegangen ist, die weitaus einfacher und unkomplizierter sind. Unter anderem ist es dem System nicht gelungen, Umweltzerstörung, politische Korruption, Drogenhandel oder häusliche Gewalt zu stoppen.

137. Nehmen wir zum Beispiel unsere Umweltprobleme. Hier ist der Wertekonflikt eindeutig: Wirtschaftliche Zweckmäßigkeit jetzt oder Bewahrung einiger unserer natürlichen Ressourcen für unsere Enkelkinder.[22] Zu diesem Thema bekommen wir von den Machthabern nur viel Geschwätz und Verwirrung, aber keine klare, konsequente Linie, und wir häufen weiter Umweltprobleme an, mit denen unsere Enkelkinder leben müssen. Die Versuche, das Umweltproblem zu lösen, bestehen aus Kämpfen und Kompromissen zwischen verschiedenen Fraktionen, von denen einige zu einem bestimmten Zeitpunkt die Oberhand gewinnen, andere zu einem anderen Zeitpunkt. Die Fronten ändern sich mit den wechselnden Strömungen der öffentlichen Meinung. Dies ist weder ein rationaler Prozess noch ein Prozess, der zu einer rechtzeitigen und er-

folgreichen Lösung des Problems führen kann. Große gesellschaftliche Probleme werden, wenn sie überhaupt »gelöst« werden, selten oder nie durch einen rationalen, umfassenden Plan gelöst. Sie lösen sich von selbst durch einen Prozess, in dem verschiedene konkurrierende Gruppen, die ihre eigenen (meist kurzfristigen) Interessen[23] verfolgen, (hauptsächlich durch Glück) zu einem mehr oder weniger stabilen Modus Vivendi gelangen. Die Grundsätze, die wir in den Abschnitten 100-106 formuliert haben, lassen es sogar zweifelhaft erscheinen, dass eine rationale, langfristige gesellschaftliche Planung *jemals* erfolgreich sein kann.

138. Es ist also klar, dass die Menschheit bestenfalls über eine sehr begrenzte Fähigkeit verfügt, selbst relativ einfache gesellschaftliche Probleme zu lösen. Wie soll sie dann das weitaus schwierigere und subtilere Problem der Vereinbarkeit von Freiheit und Technologie lösen? Die Technologie bietet eindeutige materielle Vorteile, während die Freiheit eine Abstraktion ist, die für jeden etwas anderes bedeutet, und deren Verlust leicht durch Propaganda und schöne Worte verschleiert werden kann.

139. Und beachten Sie diesen wichtigen Unterschied: Es ist denkbar, dass unsere Umweltprobleme (zum Beispiel) eines Tages durch einen rationalen, umfassenden Plan gelöst werden, aber wenn dies geschieht, dann nur, weil es im langfristigen Interesse des Systems ist, diese Probleme zu lösen. Es liegt aber *nicht* im Interesse des Systems, Freiheit oder Autonomie kleiner Gruppen zu bewahren. Im Gegenteil, es liegt im Interesse des Systems, das menschliche Verhalten so weit wie möglich unter Kontrolle zu bringen.[24] Während also praktische Erwägungen das System schließlich zu einem rationalen, umsichtigen Umgang mit Umweltproblemen zwingen können, werden ebenso praktische Erwägungen das System dazu zwingen, das menschliche Verhalten immer stärker zu regulieren (vorzugsweise mit indirekten Mitteln, die den Eingriff in die Freiheit verschleiern). Dies ist nicht nur unsere Meinung. Bedeutende Sozialwissenschaftler (z. B. James Q. Wilson) haben betont,

wie wichtig es ist, die Menschen besser zu »sozialisieren«.

Revolution ist einfacher als Reform

140. Wir hoffen, den Leser davon überzeugt zu haben, dass das System nicht so reformiert werden kann, dass sich Freiheit und Technologie miteinander vereinbaren lassen. Der einzige Ausweg besteht darin, das industriell-technologische System ganz abzuschaffen. Das setzt eine Revolution voraus, nicht unbedingt einen bewaffneten Aufstand, aber auf jeden Fall eine radikale und grundlegende Veränderung des Charakters der Gesellschaft.

141. Die Menschen neigen zu der Annahme, dass eine Revolution, weil sie eine viel größere Veränderung mit sich bringt als eine Reform, auch schwieriger zu bewerkstelligen ist als eine Reform. Tatsächlich ist eine Revolution unter bestimmten Umständen viel einfacher als eine Reform. Der Grund dafür ist, dass eine revolutionäre Bewegung ein intensives Engagement inspirieren kann, das eine Reformbewegung nicht hervorrufen kann. Eine Reformbewegung bietet lediglich die Lösung eines bestimmten gesellschaftlichen Problems an. Eine revolutionäre Bewegung bietet an, alle Probleme auf einen Schlag zu lösen und eine völlig neue Welt zu schaffen; sie bietet die Art von Ideal, für das die Menschen große Risiken eingehen und große Opfer bringen. Aus diesem Grund wäre es viel einfacher, das gesamte technologische System zu stürzen, als die Entwicklung oder Anwendung eines einzelnen Segments der Technologie, wie z.B. der Gentechnologie, wirksam und dauerhaft einzuschränken. Nicht viele Menschen werden sich zielstrebig und leidenschaftlich für die Durchsetzung und Aufrechterhaltung von Beschränkungen der Gentechnik einsetzen, aber unter geeigneten Bedingungen können sich viele Menschen leidenschaftlich für eine Revolution gegen das industriell-technologische System engagieren. Wie wir in Abschnitt 132 festgestellt haben, würden Reformer, die versuchen, bestimmte Aspekte der Technologie zu begrenzen, daran arbei-

ten, ein negatives Ergebnis zu vermeiden. Aber Revolutionäre arbeiten, um eine mächtige Belohnung zu erhalten – die Erfüllung ihrer revolutionären Vision – und arbeiten daher härter und ausdauernder als Reformer.

142. Reformen werden immer durch die Angst vor schmerzhaften Konsequenzen gebremst, wenn die Veränderungen zu weit gehen. Aber wenn eine Gesellschaft erst einmal vom revolutionären Fieber erfasst ist, sind die Menschen bereit, für ihre Revolution unbegrenzte Belastungen auf sich zu nehmen. Das haben die Französische und die Russische Revolution deutlich gezeigt. Es mag sein, dass sich in solchen Fällen nur eine Minderheit der Bevölkerung wirklich für die Revolution einsetzt, aber diese Minderheit ist groß und aktiv genug, so dass sie zur dominierenden Kraft in der Gesellschaft wird. Wir werden in den Abschnitten 180-205 mehr über die Revolution sagen.

Steuerung des menschlichen Verhaltens

143. Seit Beginn der Zivilisation mussten die organisierten Gesellschaften Druck auf die Menschen ausüben, um das Funktionieren des gesellschaftlichen Organismus zu gewährleisten. Die Art des Drucks variiert stark von einer Gesellschaft zur anderen. Einige dieser Zwänge sind physischer Natur (schlechte Ernährung, übermäßige Arbeit, Umweltverschmutzung), andere sind psychologischer Natur (Lärm, hohe Bevölkerungsdichte, der Zwang, das menschliche Verhalten in die von der Gesellschaft geforderte Form zu bringen). In der Vergangenheit war die menschliche Natur annähernd konstant oder hat sich zumindest nur innerhalb gewisser Grenzen verändert. Folglich konnten die Gesellschaften die Menschen nur bis zu gewissen Grenzen drängen. Wenn die Grenze des menschlichen Durchhaltevermögens überschritten ist, fangen die Dinge an, schief zu laufen: Rebellion, oder Kriminalität, oder Korruption, oder Arbeitsverweigerung, oder Depressionen und andere psychische Probleme, oder eine erhöhte Sterberate, oder eine sinkende

Geburtenrate oder etwas anderes, so dass entweder die Gesellschaft zusammenbricht oder ihr Funktionieren zu ineffizient wird und sie (schnell oder allmählich, durch Eroberung, Zermürbung oder Evolution) durch eine effizientere Form der Gesellschaft ersetzt wird.[25]

144. Die menschliche Natur hat also in der Vergangenheit der Entwicklung von Gesellschaften gewisse Grenzen gesetzt. Die Menschen konnten nur bis zu einer bestimmten Grenze getrieben werden und nicht darüber hinaus. Aber heute könnte sich das ändern, denn die moderne Technologie entwickelt Möglichkeiten, den Menschen zu verändern.

145. Stellen Sie sich eine Gesellschaft vor, die Menschen Lebensbedingungen unterwirft, die sie furchtbar unglücklich machen, und ihnen dann Medikamente verabreicht, um ihre Unzufriedenheit zu beseitigen. Science-Fiction? In gewissem Maße geschieht dies bereits in unserer Gesellschaft. Es ist allgemein bekannt, dass die Rate der klinischen Depressionen in den letzten Jahrzehnten stark zugenommen hat. Wir glauben, dass dies auf eine Störung des Power Process zurückzuführen ist, wie in den Abschnitten 59-76 erläutert wurde. Aber selbst wenn wir uns irren sollten, ist die steigende Zahl der Depressionen sicherlich das Ergebnis *einiger* Bedingungen, die in der heutigen Gesellschaft bestehen. Anstatt die Bedingungen zu beseitigen, die Menschen depressiv machen, verabreicht die moderne Gesellschaft ihnen Antidepressiva. Tatsächlich sind Antidepressiva ein Mittel, um den inneren Zustand eines Menschen so zu verändern, dass er gesellschaftliche Bedingungen tolerieren kann, die er sonst als unerträglich empfinden würde. (Ja, wir wissen, dass Depressionen oft rein genetisch bedingt sind. Wir beziehen uns hier auf die Fälle, in denen die Umwelt die überwiegende Rolle spielt.)

146. Medikamente, die den Verstand beeinflussen, sind nur ein Beispiel für die Methoden zur Kontrolle des menschlichen Verhaltens, die die moderne Gesellschaft entwickelt. Schauen wir uns einige der anderen Methoden an.

147. Da wären zunächst einmal die Überwachungstechniken. Versteckte Videokameras werden heute in den meisten Geschäften und an vielen anderen Orten eingesetzt, Computer sammeln und verarbeiten riesige Mengen von Informationen über Personen. Die auf diese Weise gewonnenen Informationen erhöhen die Wirksamkeit des physischen Zwangs (d. h. der Strafverfolgung) erheblich.[26] Dann gibt es die Methoden der Propaganda, für die die Massenkommunikationsmedien wirksame Mittel bereitstellen. Effiziente Techniken wurden entwickelt, um Wahlen zu gewinnen, Produkte zu verkaufen und die öffentliche Meinung zu beeinflussen. Die Unterhaltungsindustrie dient als wichtiges psychologisches Instrument des Systems, möglicherweise sogar dann, wenn sie große Mengen an Sex und Gewalt ausstrahlt. Die Unterhaltung bietet dem modernen Menschen ein wichtiges Mittel zur Flucht. Während er sich in Fernsehen, Videos usw. vertieft, kann er Stress, Ängste, Frustration und Unzufriedenheit vergessen. Viele Naturvölker können, wenn sie keine Arbeit haben, stundenlang dasitzen und gar nichts tun, weil sie mit sich und ihrer Welt im Reinen sind. Aber die meisten modernen Menschen müssen ständig beschäftigt oder unterhalten werden, sonst werden sie »gelangweilt«, d.h. sie werden zappelig, unruhig, reizbar.

148. Andere Techniken gehen tiefer als die vorher genannten. Erziehung ist nicht länger eine einfache Angelegenheit, bei der man einem Kind einen Klaps auf den Hintern gibt, wenn es seine Lerneinheiten nicht beherrscht, und ihm den Kopf streichelt, wenn es sie beherrscht. Sie wird immer mehr zu einer wissenschaftlichen Technik zur Kontrolle der Entwicklung des Kindes. Sylvan Learning Centers beispielsweise haben große Erfolge bei der Motivation von Kindern zum Lernen erzielt, und auch in vielen herkömmlichen Schulen werden psychologische Techniken mit mehr oder weniger Erfolg eingesetzt. »Erziehungsmethoden«, die den Eltern beigebracht werden, sollen die Kinder dazu bringen, die Grundwerte des Systems zu akzeptieren und sich so zu verhalten, wie es das System für wünschenswert hält. Pro-

gramme zur »psychischen Gesundheit«, »Interventionstechniken«, Psychotherapie usw. sollen angeblich dem Einzelnen zugute kommen, aber in der Praxis dienen sie in der Regel dazu, den Einzelnen dazu zu bringen, so zu denken und sich zu verhalten, wie es das System verlangt. (Das ist kein Widerspruch; ein Individuum, das durch seine Einstellung oder sein Verhalten in Konflikt mit dem System gerät, hat es mit einer Kraft zu tun, die zu mächtig ist, um sie zu besiegen oder ihr zu entkommen, weshalb es wahrscheinlich unter Stress, Frustration und Enttäuschung leiden wird. Sein Weg wird viel einfacher sein, wenn er so denkt und sich so verhält, wie es das System verlangt. In diesem Sinne handelt das System zum Wohle des Einzelnen, wenn es ihn mit einer Gehirnwäsche zur Konformität bringt.) Kindesmissbrauch in seinen groben und offensichtlichen Formen wird in den meisten, wenn nicht sogar in allen Kulturen missbilligt. Ein Kind aus einem trivialen oder gar keinem Grund zu quälen, ist etwas, das fast jeden entsetzt. Viele Psychologen interpretieren den Begriff der Misshandlung jedoch sehr viel weiter gefasst. Ist ein Klaps auf den Hintern, wenn er als Teil eines vernünftigen und konsequenten Disziplinierungssystems eingesetzt wird, eine Form des Missbrauchs? Die Frage wird letztlich danach entschieden, ob er dazu führt, dass eine Person ein Verhalten an den Tag legt, das sich gut in das bestehende Gesellschaftssystem einfügt oder nicht. In der Praxis wird das Wort »Missbrauch« tendenziell so ausgelegt, dass es jede Erziehungsmethode umfasst, die zu einem Verhalten führt, das für das System unbequem ist. Wenn sie also über die Verhinderung offensichtlicher, sinnloser Grausamkeiten hinausgehen, zielen Programme zur Verhinderung von »Kindesmissbrauch« auf die Kontrolle des menschlichen Verhaltens im Namen des Systems ab.

149. Vermutlich wird die Forschung die Wirksamkeit psychologischer Techniken zur Steuerung menschlichen Verhaltens weiter erhöhen. Wir halten es jedoch für unwahrscheinlich, dass psychologische Techniken allein ausreichen werden, um den Menschen an die Art von Gesellschaft anzupassen, die von der Technologie erschaffen wird. Wahrscheinlich

wird man auf biologische Methoden zurückgreifen müssen. Wir haben in diesem Zusammenhang bereits den Einsatz von Medikamenten erwähnt. Die Neurologie könnte weitere Möglichkeiten bieten, den menschlichen Geist zu verändern. Gentechnische Eingriffe in den Menschen finden bereits in Form der »Gentherapie« statt und es gibt keinen Grund anzunehmen, dass solche Methoden nicht irgendwann auch zur Veränderung derjenigen Aspekte des Körpers eingesetzt werden, die das geistige Funktionieren beeinflussen.

150. Wie wir in Abschnitt 134 erwähnt haben, scheint die Industriegesellschaft in eine Phase schwerer Belastungen einzutreten, die zum Teil auf Probleme des menschlichen Verhaltens und zum Teil auf wirtschaftliche und ökologische Probleme zurückzuführen ist. Und ein beträchtlicher Teil der wirtschaftlichen und ökologischen Probleme des Systems resultiert aus dem Verhalten der Menschen. Entfremdung, geringes Selbstwertgefühl, Depressionen, Feindseligkeit, Rebellion, Kinder, die nicht lernen wollen, Jugendbanden, Drogenkonsum, Vergewaltigung, Kindesmissbrauch, andere Verbrechen, ungeschützter Sex, Teenagerschwangerschaften, Bevölkerungswachstum, politische Korruption, Rassenhass, ethnische Rivalitäten, erbitterte ideologische Konflikte (z. B. Abtreibungsbefürworter gegen Abtreibungsgegner), politischer Extremismus, Terrorismus, Sabotage, regierungsfeindliche Gruppen, Hassgruppen. All diese Faktoren bedrohen das Überleben des Systems selbst. Das System wird daher *gezwungen* sein, jedes praktische Mittel zur Kontrolle des menschlichen Verhaltens einzusetzen.

151. Die soziale Zerrüttung, die wir heute erleben, ist sicherlich nicht das Ergebnis eines bloßen Zufalls. Sie kann nur eine Folge der Lebensbedingungen sein, die das System den Menschen auferlegt. (Wir haben argumentiert, dass die wichtigste dieser Bedingungen die Beeinträchtigung des Power Process ist.) Wenn es dem System gelingt, das menschliche Verhalten so weit zu kontrollieren, dass sein eigenes Überleben gesichert ist, wird ein neuer Wendepunkt in der Geschichte der Menschheit erreicht sein. Während früher die Grenzen der menschlichen Aus-

dauer der Entwicklung von Gesellschaften Grenzen gesetzt haben (wie wir in den Abschnitten 143, 144 erläutert haben), wird die industriell-technologische Gesellschaft in der Lage sein, diese Grenzen zu überschreiten, indem sie den Menschen verändert, sei es mit psychologischen oder biologischen Methoden oder mit beidem. In Zukunft werden die gesellschaftlichen Systeme nicht mehr an die Bedürfnisse der Menschen angepasst werden. Stattdessen wird der Mensch an die Bedürfnisse des Systems angepasst werden.[27]

152. Im Allgemeinen wird die technologische Kontrolle über das menschliche Verhalten wahrscheinlich nicht mit totalitärer Absicht oder gar mit dem bewussten Wunsch, die menschliche Freiheit einzuschränken, eingeführt werden.[28] Jeder neue Schritt in der Beherrschung des menschlichen Verstands wird als rationale Antwort auf ein gesellschaftliches Problem gesehen, wie z. B. die Heilung von Alkoholismus, die Senkung der Kriminalitätsrate oder die Motivation junger Menschen zum Studium der Natur- und Ingenieurwissenschaften. In vielen Fällen wird es eine humanitäre Rechtfertigung geben. Wenn zum Beispiel ein Psychiater einem depressiven Patienten ein Antidepressivum verschreibt, tut er dem Betroffenen damit eindeutig einen Gefallen. Es wäre unmenschlich, jemandem ein Medikament vorzuenthalten, das er braucht. Wenn Eltern ihre Kinder zu Sylvan Learning Centern schicken, um sie für das Lernen zu begeistern, tun sie dies aus Sorge um das Wohl ihrer Kinder. Es mag sein, dass einige dieser Eltern sich wünschen, dass man keine spezielle Ausbildung braucht, um einen Job zu bekommen, und dass ihr Kind nicht durch eine Gehirnwäsche zu einem Computerfreak gemacht werden muss. Aber was können sie tun? Sie können die Gesellschaft nicht ändern, und ihr Kind ist vielleicht nicht arbeitsmarktfähig, wenn es nicht über bestimmte Fähigkeiten verfügt. Also schicken sie es zu Sylvan.

153. Die Kontrolle über das menschliche Verhalten wird also nicht durch eine kalkulierte Entscheidung der Autoritäten eingeführt, sondern durch einen Prozess der gesellschaftlichen Evolution (allerdings

einer *schnellen* Evolution). Es wird unmöglich sein, sich diesem Prozess zu widersetzen, weil jeder Fortschritt für sich betrachtet als vorteilhaft erscheinen wird, oder zumindest wird das Übel, das mit dem Fortschritt verbunden ist, geringer erscheinen als das, das sich ergeben würde, wenn er nicht gemacht würde. (Siehe Abschnitt 127.) Propaganda wird zum Beispiel für viele gute Zwecke eingesetzt, etwa um von Kindesmissbrauch oder Rassenhass abzuschrecken.[14] Sexualerziehung ist offensichtlich nützlich, doch die Wirkung der Sexualerziehung (soweit sie erfolgreich ist) besteht darin, dass die Gestaltung der sexuellen Einstellungen der Familie entzogen und in die Hände des Staates gelegt wird, der durch das öffentliche Schulsystem repräsentiert wird.

154. Nehmen wir an, es wird ein biologisches Merkmal entdeckt, das die Wahrscheinlichkeit erhöht, dass ein Kind zu einem Kriminellen heranwächst, und nehmen wir an, dass dieses Merkmal durch eine Art Gentherapie beseitigt werden kann.[29] Natürlich werden die meisten Eltern, deren Kinder das Merkmal aufweisen, diese Therapie durchführen lassen. Es wäre unmenschlich, etwas anderes zu tun, da das Kind wahrscheinlich ein elendes Leben führen würde, wenn es zu einem Kriminellen heranwächst. Viele oder die meisten primitiven Gesellschaften haben jedoch im Vergleich zu unserer Gesellschaft eine niedrige Kriminalitätsrate, obwohl sie weder über hochtechnisierte Erziehungsmethoden noch über harte Bestrafungssysteme verfügen. Da es keinen Grund für die Annahme gibt, dass mehr moderne Menschen als primitive Menschen angeborene raubtierhafte Tendenzen haben, muss die hohe Kriminalitätsrate unserer Gesellschaft auf den Druck zurückzuführen sein, den die modernen Bedingungen auf die Menschen ausüben und dem sich viele nicht anpassen können oder wollen. Eine Behandlung, die darauf abzielt, potenzielle kriminelle Tendenzen zu beseitigen, ist daher zumindest teilweise eine Art der Umgestaltung der Menschen, damit sie den Anforderungen des Systems entsprechen.

155. Unsere Gesellschaft neigt dazu, jede Denk- oder Verhaltensweise, die für das System unbequem ist, als »Krankheit« zu betrachten, und

das ist plausibel, denn wenn ein Individuum nicht in das System passt, verursacht das sowohl Leid für das Individuum als auch Probleme für das System. Daher wird die Manipulation eines Individuums, um es an das System anzupassen, als »Heilung« für eine »Krankheit« und somit als gut angesehen.

156. In Abschnitt 127 haben wir darauf hingewiesen, dass die Verwendung einer neuen Technologie, die *vorerst* optional ist, nicht notwendigerweise optional *bleibt*, weil die neue Technologie dazu tendiert, die Gesellschaft so zu verändern, dass es für den Einzelnen schwierig oder unmöglich wird, ohne die Verwendung dieser Technologie zu funktionieren. Dies gilt auch für die Technologie des menschlichen Verhaltens. In einer Welt, in der die meisten Kinder ein Programm durchlaufen, um sie für das Lernen zu begeistern, wird ein Elternteil fast gezwungen sein, sein Kind an einem solchen Programm teilnehmen zu lassen, denn wenn dies nicht geschieht, wird das Kind sozusagen zu einem Ignoranten heranwachsen und daher nicht berufsfähig sein. Oder nehmen wir an, es wird eine biologische Behandlung entdeckt, die ohne unerwünschte Nebenwirkungen den psychischen Stress, unter dem so viele Menschen in unserer Gesellschaft leiden, erheblich reduziert. Wenn sich viele Menschen für diese Behandlung entscheiden, wird das allgemeine Stressniveau in der Gesellschaft gesenkt, so dass das System die stresserzeugenden Belastungen erhöhen kann. Dies wird dazu führen, dass sich noch mehr Menschen der Behandlung unterziehen, und so weiter, bis der Druck schließlich so groß wird, dass nur noch wenige Menschen überleben können, ohne sich der stressreduzierenden Behandlung zu unterziehen. Tatsächlich scheint so etwas bereits mit einem der wichtigsten psychologischen Instrumente unserer Gesellschaft geschehen zu sein, das es den Menschen ermöglicht, Stress abzubauen (oder ihm zumindest vorübergehend zu entkommen), nämlich mit der Massenunterhaltung (siehe Abschnitt 147). Unsere Nutzung der Massenunterhaltung ist »freiwillig«: Kein Gesetz schreibt uns vor, fernzusehen, Radio zu hören oder Zeitschriften zu lesen. Dennoch ist die

Massenunterhaltung ein Mittel zur Flucht und zum Stressabbau, von dem die meisten von uns abhängig geworden sind. Alle beklagen sich über den Müll im Fernsehen, aber fast alle schauen es. Einige wenige haben sich das Fernsehen abgewöhnt, aber nur wenige Menschen kommen heute ohne *irgendeine* Form der Massenunterhaltung aus. (Dennoch kamen die meisten Menschen bis vor kurzem in der Menschheitsgeschichte sehr gut mit keiner anderen Unterhaltung aus als der, die jede lokale Gemeinschaft für sich selbst geschaffen hat.) Ohne die Unterhaltungsindustrie wäre das System wahrscheinlich nicht in der Lage gewesen, so viel stresserzeugenden Druck auf uns auszuüben, wie es heute der Fall ist.

157. Unter der Annahme, dass die Industriegesellschaft überlebt, ist es wahrscheinlich, dass die Technologie schließlich eine annähernd vollständige Kontrolle über das menschliche Verhalten erlangen wird. Es ist zweifelsfrei erwiesen, dass menschliches Denken und Verhalten eine weitgehend biologische Grundlage haben. Wie Experimente gezeigt haben, lassen sich Gefühle wie Hunger, Freude, Wut und Angst durch elektrische Stimulierung der entsprechenden Hirnregionen an- und abschalten. Erinnerungen können zerstört werden, indem Teile des Gehirns beschädigt werden, oder sie können durch elektrische Stimulation hervorgeholt werden. Durch Drogen können Halluzinationen hervorgerufen oder Stimmungen verändert werden. Es könnte eine immaterielle menschliche Seele geben oder auch nicht, aber wenn es eine gibt, ist sie eindeutig weniger mächtig als die biologischen Mechanismen des menschlichen Verhaltens. Wäre dies nicht der Fall, könnten Forscher menschliche Gefühle und Verhaltensweisen nicht so leicht mit Medikamenten und elektrischen Strömen manipulieren.

158. Vermutlich wäre es unpraktisch, wenn sich alle Menschen Elektroden in den Kopf einsetzen ließen, um von den Autoritäten kontrolliert werden zu können. Aber die Tatsache, dass die menschlichen Gedanken und Gefühle so offen für biologische Eingriffe sind, zeigt, dass das Problem der Kontrolle des menschlichen Verhaltens hauptsächlich

ein technisches Problem ist; ein Problem der Neuronen, Hormone und komplexen Moleküle; die Art von Problem, die einem wissenschaftlichen Angriff zugänglich ist. In Anbetracht der herausragenden Leistungen unserer Gesellschaft bei der Lösung technischer Probleme ist es sehr wahrscheinlich, dass bei der Steuerung des menschlichen Verhaltens große Fortschritte gemacht werden.

159. Wird der Widerstand der Öffentlichkeit die Einführung der technologischen Steuerung des menschlichen Verhaltens verhindern? Das würde er sicherlich, wenn man versuchen würde, eine solche Kontrolle auf einen Schlag einzuführen. Da aber die technologische Kontrolle durch eine lange Abfolge von kleinen Schritten eingeführt wird, wird es keinen rationalen und wirksamen öffentlichen Widerstand geben. (Siehe Abschnitte 127, 132, 153.)

160. Denjenigen, die meinen, dass dies alles wie Science-Fiction klingt, sei gesagt, dass die Science-Fiction von gestern heute Realität ist. Die industrielle Revolution hat die Umwelt und die Lebensweise des Menschen radikal verändert, und es ist nur zu erwarten, dass mit der zunehmenden Anwendung der Technologie auf den menschlichen Körper und Geist der Mensch selbst ebenso radikal verändert wird wie seine Umwelt und seine Lebensweise verändert wurden.

Die Menschheit am Scheideweg

161. Aber wir sind unserer Geschichte vorausgeeilt. Es ist eine Sache, im Labor eine Reihe von psychologischen oder biologischen Techniken zur Manipulation menschlichen Verhaltens zu entwickeln, und eine ganz andere, diese Techniken in ein funktionierendes Gesellschaftssystem zu integrieren. Das letztere Problem ist das schwierigere von beiden. Während beispielsweise die Techniken der pädagogischen Psychologie in den »Laborschulen«, in denen sie entwickelt werden, zweifellos recht gut funktionieren, ist es nicht unbedingt einfach, sie in unserem gesamten Bildungssystem wirksam anzuwenden. Wir alle wis-

sen, wie es in vielen unserer Schulen zugeht. Die Lehrer sind [Stand 1995] zu sehr damit beschäftigt, den Kindern Messer und Schusswaffen wegzunehmen, um sie den neuesten Techniken zu unterziehen, die sie zu Computerfreaks machen. Trotz aller technischen Fortschritte in Bezug auf menschliches Verhalten war das System also bisher nicht sonderlich erfolgreich bei der Steuerung der Menschen. Die Menschen, deren Verhalten das System recht gut unter Kontrolle hat, gehören zu dem Typus, den man als »bürgerlich« bezeichnen könnte. Aber es gibt eine wachsende Zahl von Menschen, die auf die eine oder andere Weise gegen das System rebellieren: Sozialschmarotzer, Jugendbanden, Sektenanhänger, Satanisten, Nazis, radikale Umweltschützer, Anhänger der Milizbewegung, usw.

162. Das System befindet sich derzeit in einem verzweifelten Kampf um die Überwindung bestimmter Probleme, die sein Überleben bedrohen, wobei die Probleme des menschlichen Verhaltens die wichtigsten sind. Wenn es dem System gelingt, schnell genug eine ausreichende Kontrolle über das menschliche Verhalten zu erlangen, wird es wahrscheinlich überleben. Andernfalls wird es zusammenbrechen. Wir glauben, dass das Problem höchstwahrscheinlich innerhalb der nächsten Jahrzehnte, sagen wir in 40 bis 100 Jahren, gelöst sein wird.

163. Angenommen, das System überlebt die Krise der nächsten Jahrzehnte. Bis dahin wird es die Hauptprobleme, mit denen es konfrontiert ist, gelöst oder zumindest unter Kontrolle gebracht haben müssen, insbesondere das Problem der »Sozialisierung« der Menschen, d.h. die Menschen so gefügig zu machen, dass ihr Verhalten das System nicht mehr bedroht. Wenn dies erreicht ist, scheint es kein weiteres Hindernis für die Entwicklung der Technologie zu geben, und sie würde vermutlich zu ihrer logischen Schlussfolgerung fortschreiten, nämlich der vollständigen Kontrolle über alles auf der Erde, einschließlich der Menschen und aller anderen wichtigen Organismen. Das System kann eine einheitliche, monolithische Organisation werden, oder es kann mehr oder weniger zersplittert sein und aus einer Reihe von Organisationen

bestehen, die in einer Beziehung koexistieren, die sowohl Elemente der Kooperation als auch der Konkurrenz enthält, so wie heute die Regierung, die Unternehmen und andere große Organisationen sowohl kooperieren als auch miteinander konkurrieren. Die menschliche Freiheit wird größtenteils verschwunden sein, da Individuen und kleine Gruppen gegenüber großen Organisationen, die mit Supertechnologie und einem Arsenal fortschrittlicher psychologischer und biologischer Werkzeuge zur Manipulation von Menschen bewaffnet sind, sowie mit Instrumenten der Überwachung und des physischen Zwangs ohnmächtig sein werden. Nur eine kleine Anzahl von Menschen wird wirkliche Macht haben, und selbst diese werden wahrscheinlich nur eine sehr begrenzte Freiheit haben, weil auch ihr Verhalten reguliert sein wird; so wie heute unsere Politiker und Unternehmensleiter ihre Machtpositionen nur so lange behalten können, wie ihr Verhalten innerhalb bestimmter, recht enger Grenzen bleibt.

164. Bilden Sie sich nicht ein, dass das System aufhören wird, weitere Techniken zur Kontrolle von Mensch und Natur zu entwickeln, sobald die Krise der nächsten Jahrzehnte vorüber ist und eine zunehmende Kontrolle nicht mehr für das Überleben des Systems notwendig ist. Im Gegenteil, wenn die schweren Zeiten vorbei sind, wird das System seine Kontrolle über Mensch und Natur noch schneller ausbauen, weil es nicht mehr durch Schwierigkeiten der Art, wie es sie jetzt erlebt, behindert wird. Das Überleben ist nicht das Hauptmotiv für die Ausweitung der Kontrolle. Wie wir in den Abschnitten 87-90 dargelegt haben, üben Techniker und Wissenschaftler ihre Tätigkeit weitgehend als Ersatzhandlung aus, das heißt, sie befriedigen ihr Machtbedürfnis durch die Lösung technischer Probleme. Sie werden dies auch weiterhin mit unvermindertem Enthusiasmus tun, und zu den interessantesten und anspruchsvollsten Problemen, die sie zu lösen haben, gehören die, den menschlichen Körper und Geist zu verstehen und in seine Entwicklung einzugreifen. Zum »Wohle der Menschheit«, versteht sich.

165. Aber nehmen wir andererseits an, dass sich die Belastungen der kommenden Jahrzehnte als zu groß für das System erweisen. Wenn das System zusammenbricht, könnte es eine Periode des Chaos geben, eine »Zeit der Unruhen«, wie sie die Geschichte in verschiedenen Epochen der Vergangenheit aufgezeichnet hat. Es ist unmöglich vorherzusagen, was aus einer solchen Zeit der Unruhen hervorgehen würde, aber in jedem Fall würde die Menschheit eine neue Chance erhalten. Die größte Gefahr besteht darin, dass sich die Industriegesellschaft bereits in den ersten Jahren nach dem Zusammenbruch neu konstituiert. Sicherlich wird es viele Menschen geben (vor allem machthungrige Persönlichkeiten), die darauf bedacht sein werden, die Fabriken wieder in Gang zu bringen.

166. Deshalb stehen diejenigen, die die Knechtschaft hassen, zu der das industrielle System die Menschheit reduziert, vor zwei Aufgaben. Erstens müssen wir daran arbeiten, die gesellschaftlichen Spannungen innerhalb des Systems zu steigern, um die Wahrscheinlichkeit zu erhöhen, dass es zusammenbricht oder so weit geschwächt wird, dass eine Revolution dagegen möglich wird. Zweitens ist es notwendig, eine Ideologie zu entwickeln und zu verbreiten, die sich gegen die Technologie und das industrielle System richtet. Eine solche Ideologie kann die Grundlage für eine Revolution gegen die Industriegesellschaft bilden, wenn das System ausreichend geschwächt ist. Und eine solche Ideologie wird dazu beitragen, dass, falls und wenn die Industriegesellschaft zusammenbricht, ihre Überreste irreparabel zerschlagen werden, so dass das System nicht wiederhergestellt werden kann. Die Fabriken sollten zerstört, technische Bücher verbrannt werden usw.

Menschliches Leid

167. Das industrielle System wird nicht allein durch revolutionäres Handeln zusammenbrechen. Es wird nicht anfällig für revolutionäre Angriffe sein, es sei denn, seine eigenen internen Entwicklungsproble-

me bringen es in sehr ernste Schwierigkeiten. Wenn das System also zusammenbricht, dann entweder spontan oder durch einen Prozess, der
zum Teil spontan ist, aber von Revolutionären unterstützt wird. Im Falle eines plötzlichen Zusammenbruchs werden viele Menschen sterben,
da die Welt inzwischen so stark überbevölkert ist, dass sie sich ohne
fortschrittliche Technologie nicht einmal mehr selbst ernähren kann.
Selbst wenn der Zusammenbruch so allmählich erfolgt, dass die Bevölkerung eher durch eine Senkung der Geburtenrate als durch eine Erhö-
hung der Sterberate reduziert werden kann, wird der Prozess der
Deindustrialisierung wahrscheinlich sehr chaotisch verlaufen und viel
Leid mit sich bringen. Es ist naiv zu glauben, dass der Ausstieg aus der
Technologie reibungslos und geordnet vonstatten gehen kann, zumal
sich die Technophilen bei jedem Schritt hartnäckig wehren werden. Ist
es daher grausam, auf den Zusammenbruch des Systems hinzuarbei-
ten? Vielleicht, vielleicht aber auch nicht. Erstens können Revolutionäre das System nur dann zum Einsturz bringen, wenn es bereits in so
großen Schwierigkeiten steckt, dass die Wahrscheinlichkeit groß ist,
dass es irgendwann von selbst zusammenbrechen würde; und je größer das System wird, desto katastrophaler werden die Folgen seines Zusammenbruchs sein; es könnte also sein, dass Revolutionäre, indem sie
den Zusammenbruch beschleunigen, das Ausmaß der Katastrophe verringern.

168. Zweitens muss man Kampf und Tod gegen den Verlust von Freiheit und Würde abwägen. Für viele von uns sind Freiheit und Würde
wichtiger als ein langes Leben oder die Vermeidung von körperlichen
Schmerzen. Außerdem müssen wir alle irgendwann sterben, und es
kann besser sein, im Kampf ums Überleben oder für eine Sache zu sterben, als ein langes, aber leeres und sinnloses Leben zu führen.

169. Drittens ist es keineswegs sicher, dass das Überleben des Systems zu weniger Leid führen wird als sein Zusammenbruch. Das System hat bereits unermessliches Leid auf der ganzen Welt verursacht
und tut dies auch weiterhin. Alte Kulturen, die den Menschen über Hun-

derte oder Tausende von Jahren ein befriedigendes Verhältnis zueinander und zu ihrer Umwelt ermöglichten, wurden durch den Kontakt mit der Industriegesellschaft zerstört, und das Ergebnis ist ein ganzer Katalog von wirtschaftlichen, ökologischen, gesellschaftlichen und psychologischen Problemen. Eine der Auswirkungen des Eindringens der Industriegesellschaft war, dass in weiten Teilen der Welt die traditionelle Kontrolle der Bevölkerung aus dem Gleichgewicht geraten ist. Daraus resultiert die Bevölkerungsexplosion mit allen damit verbundenen Folgen. Hinzu kommt das psychische Leiden, das in den vermeintlich privilegierten Ländern des Westens weit verbreitet ist (siehe Abschnitte 44, 45). Niemand weiß [Stand 1995], was mit dem Abbau der Ozonschicht, dem Treibhauseffekt und anderen, noch nicht absehbaren Umweltproblemen geschehen wird. Und wie die Verbreitung von Kernwaffen gezeigt hat, können neue Technologien nicht von Diktatoren und unverantwortlichen Ländern der Dritten Welt ferngehalten werden. Möchten Sie darüber spekulieren, was der Irak oder Nordkorea mit der Gentechnik anstellen werden?

170. »Oh!«, sagen die Technophilen, »Die Wissenschaft wird das alles in Ordnung bringen! Wir werden den Hunger besiegen, das psychische Leiden beseitigen und alle Menschen gesund und glücklich machen!« Ja, klar. Das haben sie auch vor zweihundert Jahren gesagt. Die industrielle Revolution sollte die Armut beseitigen, alle Menschen glücklich machen usw. Das tatsächliche Ergebnis ist ein ganz anderes. Die Technophilen sind hoffnungslos naiv (oder betrügen sich selbst) in ihrem Verständnis von gesellschaftlichen Problemen. Sie sind sich der Tatsache nicht bewusst (oder ignorieren sie lieber), dass große Veränderungen, selbst scheinbar vorteilhafte, wenn sie in einer Gesellschaft eingeführt werden, zu einer langen Reihe anderer Veränderungen führen, von denen die meisten nicht vorhersehbar sind (Abschnitt 103). Das Ergebnis ist eine Zerrüttung der Gesellschaft. Es ist sehr wahrscheinlich, dass sie in ihrem Bemühen, Armut und Krankheiten zu beseitigen, fügsame, glückliche Persönlichkeiten zu fertigen usw., Ge-

sellschaftssysteme schaffen werden, die schrecklich gestört sind, sogar noch mehr als die gegenwärtigen. Die Wissenschaftler rühmen sich zum Beispiel damit, dass sie den Hunger beenden werden, indem sie neue, gentechnisch veränderte Nahrungspflanzen schaffen. Dies wird jedoch dazu führen, dass die menschliche Bevölkerung unbegrenzt weiter wächst, und es ist bekannt, dass eine hohe Bevölkerungsdichte zu mehr Stress und Aggression führt. Dies ist nur ein Beispiel für die *vorhersehbaren* Probleme, die auftreten werden. Wir betonen, dass der technische Fortschritt, wie die Erfahrungen der Vergangenheit gezeigt haben, zu anderen neuen Problemen führen wird, die *nicht* im Voraus vorhergesagt werden können (Abschnitt 103). In der Tat hat die Technik seit der industriellen Revolution viel schneller neue Probleme für die Gesellschaft geschaffen, als sie alte Probleme gelöst hat. Daher wird es eine lange und schwierige Periode des Trial-and-Error brauchen, bis die Technikbegeisterten die Fehler in ihrer »Schönen Neuen Welt« ausgemerzt haben (wenn sie es überhaupt jemals schaffen). In der Zwischenzeit wird es viel Leid geben. Es ist also keineswegs klar, dass das Überleben der Industriegesellschaft mit weniger Leid verbunden wäre als ihr Zusammenbruch. Die Technologie hat die Menschheit in eine Zwangslage gebracht, aus der es wahrscheinlich keinen einfachen Ausweg geben wird.

Die Zukunft

171. Nehmen wir nun aber an, dass die Industriegesellschaft die nächsten Jahrzehnte überlebt und dass die Fehler im System schließlich ausgemerzt werden, so dass es reibungslos funktioniert. Was für ein System wird es dann sein? Wir werden mehrere Möglichkeiten in Betracht ziehen.

172. Nehmen wir zunächst an, dass es den Informatikern gelingt, intelligente Maschinen zu entwickeln, die alles besser können als der Mensch. In diesem Fall wird vermutlich die gesamte Arbeit von riesi-

gen, hoch organisierten Maschinensystemen erledigt werden, und es wird keine menschliche Anstrengung mehr nötig sein. Einer von zwei Fällen kann eintreten. Man könnte den Maschinen erlauben, alle ihre eigenen Entscheidungen ohne menschliche Aufsicht zu treffen, oder man könnte die menschliche Kontrolle über die Maschinen beibehalten.

173. Wenn den Maschinen erlaubt wird, alle Entscheidungen selbst zu treffen, können wir keine Vermutungen über die Ergebnisse anstellen, weil es unmöglich ist, zu erraten, wie sich solche Maschinen verhalten könnten. Wir weisen nur darauf hin, dass das Schicksal der Menschheit der Gnade der Maschinen ausgeliefert wäre. Man könnte einwenden, dass die Menschheit niemals so töricht sein würde, den Maschinen alle Macht zu überlassen. Aber wir behaupten weder, dass die Menschen den Maschinen freiwillig die Macht überlassen würden, noch dass die Maschinen absichtlich die Macht an sich reißen würden. Was wir andeuten, ist, dass die Menschheit sich leicht in eine solche Abhängigkeit von den Maschinen begeben könnte, dass sie praktisch keine andere Wahl hätte, als alle Entscheidungen der Maschinen zu akzeptieren. In dem Maße, wie die Gesellschaft und die Probleme, mit denen sie konfrontiert ist, immer komplexer werden und die Maschinen immer intelligenter werden, werden die Menschen immer mehr ihrer Entscheidungen von Maschinen treffen lassen, einfach weil maschinelle Entscheidungen bessere Ergebnisse bringen als von Menschen getroffene. Schließlich könnte ein Stadium erreicht werden, in dem die Entscheidungen, die notwendig sind, um das System am Laufen zu halten, so komplex sind, dass der Mensch nicht mehr in der Lage ist, sie auf intelligente Weise zu treffen. An diesem Punkt haben die Maschinen die eigentliche Kontrolle. Die Menschen werden nicht in der Lage sein, die Maschinen einfach abzuschalten, denn sie werden so abhängig von ihnen sein, dass ein Abschalten einem Selbstmord gleichkommen würde.

174. Andererseits ist es möglich, dass die menschliche Kontrolle über die Maschinen beibehalten wird. In diesem Fall mag der Durchschnitts-

mensch die Kontrolle über bestimmte private Maschinen haben, wie sein Auto oder seinen Computer, aber die Kontrolle über große Maschinensysteme wird in den Händen einer winzigen Elite liegen – genau wie heute, aber mit zwei Unterschieden. Aufgrund verbesserter Techniken wird die Elite eine größere Kontrolle über die Massen haben; und da menschliche Arbeit nicht mehr notwendig sein wird, werden die Massen überflüssig sein, eine nutzlose Last für das System. Wenn die Elite rücksichtslos ist, kann sie einfach beschließen, die Masse der Menschheit auszurotten. Wenn sie human ist, kann sie Propaganda oder andere psychologische oder biologische Techniken einsetzen, um die Geburtenrate zu senken, bis die Masse der Menschheit ausstirbt und die Welt der Elite überlässt. Oder, wenn die Elite aus weichherzigen Wohltätern besteht, können sie beschließen, die Rolle des guten Hirten für den Rest der Menschheit zu spielen. Sie werden dafür sorgen, dass jedermanns körperliche Bedürfnisse befriedigt werden, dass alle Kinder unter psychologisch hygienischen Bedingungen aufwachsen, dass jeder ein gesundes Hobby hat, um sich zu beschäftigen, und dass jeder, der unzufrieden wird, sich einer »Behandlung« unterzieht, um sein »Problem« zu heilen. Natürlich wird das Leben so sinnlos sein, dass die Menschen biologisch oder psychologisch manipuliert werden müssen, um entweder ihr Bedürfnis nach dem Power Process zu beseitigen oder um sie dazu zu bringen, ihr Machtstreben durch ein harmloses Hobby zu »sublimieren«. Diese manipulierten Menschen mögen in einer solchen Gesellschaft glücklich sein, aber sie werden ganz sicher nicht frei sein. Sie werden auf den Status von Haustieren reduziert sein.

175. Nehmen wir nun aber an, dass es den Informatikern nicht gelingt, eine leistungsfähige künstliche Intelligenz zu entwickeln, so dass menschliche Arbeit weiterhin notwendig bleibt. Dennoch werden die Maschinen immer mehr der einfacheren Aufgaben übernehmen, so dass es einen zunehmenden Überschuss an menschlichen Arbeitskräften auf den unteren Ebenen der Fähigkeiten geben wird. (Das beobachten wir schon heute. Es gibt viele Menschen, die nur schwer oder gar

keine Arbeit finden, weil sie aus intellektuellen oder psychologischen Gründen nicht das notwendige Ausbildungsniveau erreichen können, um sich im gegenwärtigen System nützlich zu machen.) An die Erwerbstätigen werden immer höhere Anforderungen gestellt werden: Sie brauchen immer mehr Ausbildung, immer mehr Fähigkeiten und müssen immer zuverlässiger, anpassungsfähiger und fügsamer sein, weil sie mehr und mehr wie Zellen eines riesigen Organismus sind. Ihre Aufgaben werden immer spezialisierter sein, so dass ihre Arbeit in gewissem Sinne keinen Bezug mehr zur realen Welt hat, sondern sich auf einen winzigen Ausschnitt der Realität konzentriert. Das System wird alle möglichen Mittel einsetzen müssen, seien es psychologische oder biologische, um die Menschen gefügig zu machen, ihnen die Fähigkeiten zu verleihen, die das System verlangt, und ihren Machttrieb für eine bestimmte Aufgabe zu »sublimieren«. Die Aussage, dass die Menschen in einer solchen Gesellschaft gefügig sein müssen, bedarf jedoch einer Einschränkung. Die Gesellschaft kann Wettbewerbsfähigkeit als nützlich empfinden, vorausgesetzt, es werden Wege gefunden, die Wettbewerbsfähigkeit in Kanäle zu lenken, die den Bedürfnissen des Systems dienen. Wir können uns eine zukünftige Gesellschaft vorstellen, in der es einen endlosen Wettbewerb um Prestige- und Machtpositionen gibt. Aber nur sehr wenige Menschen werden jemals die Spitze erreichen, wo die einzige wirkliche Macht liegt (siehe Ende von Abschnitt 163). Sehr abstoßend ist eine Gesellschaft, in der ein Mensch sein Machtbedürfnis nur befriedigen kann, indem er eine große Zahl anderer Menschen aus dem Weg räumt und *ihnen* die Möglichkeit zur Macht nimmt.

176. Man kann sich Szenarien vorstellen, die Aspekte von mehr als einer der eben erörterten Möglichkeiten beinhalten. Es könnte zum Beispiel sein, dass Maschinen den größten Teil der Arbeit übernehmen, die von echter, praktischer Bedeutung ist, dass aber Menschen beschäftigt werden, indem ihnen relativ unwichtige Arbeit übertragen wird. Es wurde z.B. vorgeschlagen, dass eine große Entwicklung der Dienstleistungsindustrien Arbeit für Menschen bereitstellen könnte. So würden

die Menschen ihre Zeit damit verbringen, sich gegenseitig die Schuhe zu putzen, sich gegenseitig in Taxis herumzufahren, füreinander zu basteln, sich gegenseitig zu bewirten, usw. Wir halten dies für eine durch und durch verachtenswerte Art und Weise, wie die Menschheit enden könnte, und wir bezweifeln, dass viele Menschen ein erfülltes Leben in solch sinnloser Beschäftigung finden würden. Sie würden sich andere, gefährliche Ausflüchte suchen (Drogen, Kriminalität, »Sekten«, Hassgruppen), es sei denn, sie wären biologisch oder psychologisch so konstruiert, dass sie an eine solche Lebensweise angepasst wären.

177. Es versteht sich von selbst, dass die oben skizzierten Szenarien nicht alle Möglichkeiten ausschöpfen. Sie zeigen nur die Arten von Ergebnissen auf, die uns am wahrscheinlichsten erscheinen. Aber wir können uns keine plausiblen Szenarien vorstellen, die angenehmer wären als die, die wir gerade beschrieben haben. Es ist sehr wahrscheinlich, dass das industriell-technologische System, wenn es die nächsten 40 bis 100 Jahre überlebt, in dieser Zeit bestimmte allgemeine Merkmale entwickelt haben wird: Die Individuen (zumindest die des »bürgerlichen« Typs, die in das System integriert sind und es am Laufen halten, und die daher die ganze Macht haben) werden mehr denn je von großen Organisationen abhängig sein; sie werden stärker »sozialisiert« sein als je zuvor, und ihre körperlichen und geistigen Eigenschaften werden zu einem erheblichen Teil (möglicherweise zu einem sehr großen Teil) solche sein, die ihnen eingepflanzt wurden, anstatt das Ergebnis des Zufalls (oder des Willens Gottes oder was auch immer) zu sein; und was auch immer von der wilden Natur übrig sein mag, wird auf Reste reduziert sein, die für wissenschaftliche Studien konserviert und unter der Aufsicht und Verwaltung von Wissenschaftlern gehalten werden (daher wird sie nicht mehr wirklich wild sein). Langfristig (sagen wir in ein paar Jahrhunderten) wird es wahrscheinlich weder die Menschheit noch andere wichtige Organismen so geben, wie wir sie heute kennen, denn wenn man erst einmal damit begonnen hat, Organismen durch Gentechnik zu verändern, gibt es keinen Grund mehr, an einem bestimm-

ten Punkt aufzuhören, so dass die Veränderungen wahrscheinlich weitergehen werden, bis der Mensch und andere Organismen völlig verändert sind.

178. Was auch immer der Fall sein mag, es ist sicher, dass die Technologie für den Menschen eine neue physische und gesellschaftliche Umgebung schafft, die sich radikal von dem Spektrum der Umgebungen unterscheidet, an die die natürliche Selektion die Menschheit physisch und psychisch angepasst hat. Wenn der Mensch nicht durch künstliche Umgestaltung an diese neue Umwelt angepasst wird, dann wird er durch einen langen und schmerzhaften Prozess der natürlichen Auslese an sie angepasst werden. Ersteres ist weitaus wahrscheinlicher als Letzteres.

179. Es wäre besser, das ganze verdammte System aufzugeben und die Konsequenzen zu tragen.

Strategie

180. Die Technophilen nehmen uns alle mit auf eine völlig rücksichtslose Fahrt ins Ungewisse. Viele Menschen verstehen etwas von dem, was der technologische Fortschritt mit uns macht, nehmen aber eine passive Haltung ihm gegenüber ein, weil sie denken, dass er unvermeidlich ist. Aber wir (FC) glauben nicht, dass er unvermeidlich ist. Wir glauben, dass er aufgehalten werden kann, und wir werden hier einige Hinweise geben, wie man ihn aufhalten kann.

181. Wie wir in Abschnitt 166 dargelegt haben, bestehen die beiden Hauptaufgaben im Moment darin, gesellschaftlichen Stress und Instabilität in der Industriegesellschaft zu fördern und eine Ideologie zu entwickeln und zu verbreiten, die sich gegen die Technologie und das industrielle System richtet. Wenn das System ausreichend unter Druck gerät und instabil wird, kann eine Revolution gegen die Technologie möglich sein. Das Muster wäre ähnlich wie bei der Französischen und der Russischen Revolution. Die französische und die russische Gesell-

schaft zeigten mehrere Jahrzehnte lang vor ihren jeweiligen Revolutionen zunehmende Anzeichen von Stress und Schwäche. In der Zwischenzeit wurden Ideologien entwickelt, die eine neue Weltanschauung vertraten, die sich von der alten völlig unterschied. Im Falle Russlands arbeiteten die Revolutionäre aktiv daran, die alte Ordnung zu untergraben. Als dann das alte System zusätzlich unter Druck geriet (durch die Finanzkrise in Frankreich, durch die militärische Niederlage in Russland), wurde es durch die Revolution hinweggefegt. Was wir vorschlagen, geht in die gleiche Richtung.

182. Man wird einwenden, die Französische und die Russische Revolution seien gescheitert. Aber die meisten Revolutionen haben zwei Ziele. Das eine besteht darin, eine alte Gesellschaftsform zu zerstören, das andere darin, die von den Revolutionären angestrebte neue Gesellschaftsform zu errichten. Den französischen und russischen Revolutionären ist es (zum Glück!) nicht gelungen, die neue Gesellschaftsform zu schaffen, von der sie träumten, aber sie waren recht erfolgreich bei der Zerstörung der alten Gesellschaft. Wir machen uns keine Illusionen darüber, ob es möglich ist, eine neue, ideale Gesellschaftsform zu schaffen. Unser Ziel ist nur die Zerstörung der bestehenden Gesellschaftsform.

183. Aber eine Ideologie muss, um begeisterte Anhänger zu finden, sowohl ein positives als auch ein negatives Ideal haben; sie muss sowohl *für* etwas als auch *gegen* etwas sein. Das positive Ideal, das wir vorschlagen, ist die Natur. Das heißt, *wilde* Natur: Jene Aspekte der Funktionsweise der Erde und ihrer Lebewesen, die unabhängig von menschlicher Verwaltung und frei von menschlicher Einmischung und Kontrolle sind. Und mit der wilden Natur schließen wir die menschliche Natur ein, womit wir jene Aspekte des Funktionierens des menschlichen Individuums meinen, die nicht der Regulierung durch die organisierte Gesellschaft unterliegen, sondern Produkte des Zufalls oder des freien Willens oder Gottes sind (je nach Ihren religiösen oder philosophischen Ansichten).

184. Die Natur ist aus mehreren Gründen ein perfektes Gegenideal zur Technologie. Die Natur (das, was außerhalb der Macht des Systems liegt) ist das Gegenteil der Technologie (die versucht, die Macht des Systems unbegrenzt zu erweitern). Die meisten Menschen werden zustimmen, dass die Natur schön ist; sicherlich hat sie eine enorme Anziehungskraft in der Bevölkerung. Die radikalen Umweltschützer vertreten schon *jetzt* eine Ideologie, die die Natur verherrlicht und die Technologie ablehnt.[30] Um der Natur willen ist es nicht notwendig, eine schimärische Utopie oder eine neue Gesellschaftsordnung zu errichten. Die Natur kümmert sich um sich selbst: Sie war eine spontane Schöpfung, die lange vor jeder menschlichen Gesellschaft existierte, und über zahllose Jahrhunderte koexistierten viele verschiedene Arten menschlicher Gesellschaften mit der Natur, ohne ihr übermäßigen Schaden zuzufügen. Erst mit der industriellen Revolution wurden die Auswirkungen der menschlichen Gesellschaft auf die Natur wirklich verheerend. Um die Natur zu entlasten, ist es nicht notwendig, ein besonderes Gesellschaftssystem zu schaffen, sondern lediglich die Industriegesellschaft abzuschaffen. Zugegeben, das wird nicht alle Probleme lösen. Die Industriegesellschaft hat der Natur bereits enormen Schaden zugefügt, und es wird sehr lange dauern, bis die Narben verheilt sind. Außerdem können auch vorindustrielle Gesellschaften der Natur erheblichen Schaden zufügen. Dennoch wird die Abschaffung der Industriegesellschaft viel bewirken. Sie wird den größten Druck von der Natur nehmen, so dass die Narben zu heilen beginnen können. Sie wird die Fähigkeit der organisierten Gesellschaft beseitigen, ihre Kontrolle über die Natur (einschließlich der menschlichen Natur) immer weiter auszubauen. Welche Art von Gesellschaft auch immer nach dem Ende des industriellen Systems existieren wird, es ist sicher, dass die meisten Menschen nahe der Natur leben werden, denn ohne fortgeschrittene Technologie gibt es keine andere Möglichkeit für die Menschen zu leben. Um sich zu ernähren, müssen sie Bauern, Hirten, Fischer, Jäger usw. sein. Und im Allgemeinen dürfte die lokale Autonomie zunehmen, da das Fehlen

fortschrittlicher Technologien und schneller Kommunikationsmittel die Fähigkeit von Regierungen oder anderen großen Organisationen, lokale Gemeinschaften zu kontrollieren, einschränken wird.

185. Was die negativen Folgen der Abschaffung der Industriegesellschaft angeht – nun, man kann nicht alles haben, was man will. Wenn man etwas gewinnen will, muss man etwas anderes opfern.

186. Die meisten Menschen hassen psychologische Konflikte. Aus diesem Grund vermeiden sie es, ernsthaft über schwierige gesellschaftliche Fragen nachzudenken, und sie mögen es, wenn man ihnen solche Fragen in einer einfachen, schwarz-weiß Gegenüberstellung präsentiert: *Dies* ist alles gut und *das* ist alles schlecht. Die revolutionäre Ideologie sollte daher auf zwei Ebenen entwickelt werden.

187. Auf einer anspruchsvolleren Ebene sollte sich die Ideologie an Menschen richten, die intelligent, bedacht und rational sind. Ziel sollte es sein, einen Kern von Menschen zu schaffen, die das industrielle System auf einer rationalen, durchdachten Grundlage ablehnen und sich der damit verbundenen Probleme und Unklarheiten sowie des Preises, der für die Abschaffung des Systems zu zahlen ist, bewusst sind. Es ist besonders wichtig, solche Menschen zu gewinnen, denn sie sind fähig und werden maßgeblich daran beteiligt sein, andere zu beeinflussen. Diese Menschen sollten auf einer möglichst rationalen Ebene angesprochen werden. Fakten sollten niemals absichtlich verzerrt und eine unangemessene Sprache sollte vermieden werden. Das bedeutet nicht, dass man nie an die Gefühle appellieren kann, aber bei einem solchen Appell sollte man darauf achten, die Wahrheit nicht falsch darzustellen oder etwas anderes zu tun, das die intellektuelle Seriosität der Ideologie zerstören würde.

188. Auf einer zweiten Ebene sollte die Ideologie in einer vereinfachten Form propagiert werden, die es der unreflektierten Mehrheit ermöglicht, den Konflikt zwischen Technologie und Natur in eindeutigen Begriffen zu sehen. Aber auch auf dieser zweiten Ebene sollte die Ideologie nicht in einer Sprache ausgedrückt werden, die so billig, unbe-

herrscht oder irrational ist, dass sie die nachdenklichen und rationalen Menschen abschreckt. Billige, unbeherrschte Propaganda erzielt manchmal beeindruckende kurzfristige Erfolge, aber auf lange Sicht ist es vorteilhafter, die Loyalität einer kleinen Anzahl von intelligent engagierten Menschen zu bewahren, als die Leidenschaften einer unreflektierten, wankelmütigen Masse zu wecken, die ihre Haltung ändert, sobald jemand mit einem besseren Propagandatrick auftaucht. Propaganda vom Typ der Aufwiegelung der Massen kann jedoch notwendig sein, wenn das System kurz vor dem Zusammenbruch steht und es einen letzten Kampf zwischen rivalisierenden Ideologien gibt, um festzustellen, welche sich durchsetzen wird, wenn die alte Weltanschauung untergeht.

189. Vor diesem letzten Kampf sollten die Revolutionäre nicht erwarten, dass sie die Mehrheit der Menschen auf ihrer Seite haben. Geschichte wird von aktiven, entschlossenen Minderheiten gemacht, nicht von der Mehrheit, die nur selten eine klare und konsequente Vorstellung davon hat, was sie wirklich will. Bis die Zeit für den endgültigen Vorstoß zur Revolution gekommen ist,[31] wird die Aufgabe der Revolutionäre weniger darin bestehen, die oberflächliche Unterstützung der Mehrheit zu gewinnen, sondern vielmehr darin, einen kleinen Kern von zutiefst überzeugten Menschen aufzubauen. Was die Mehrheit betrifft, so wird es genügen, sie auf die Existenz der neuen Ideologie aufmerksam zu machen und sie häufig daran zu erinnern; obwohl es natürlich wünschenswert ist, die Unterstützung der Mehrheit in dem Maße zu erhalten, wie dies möglich ist, ohne den Kern der ernsthaft engagierten Menschen zu schwächen.

190. Jede Art von sozialem Konflikt trägt dazu bei, das System zu destabilisieren, aber man sollte vorsichtig sein, welche Art von Konflikt man begünstigt. Die Konfliktlinie sollte zwischen der Masse des Volkes und der machthabenden Elite der Industriegesellschaft (Politiker, Wissenschaftler, leitende Angestellte der Wirtschaft, Regierungsbeamte usw.) gezogen werden. Sie sollte *nicht* zwischen den Revolutionären und der Masse des Volkes gezogen werden. So wäre es beispielsweise eine

schlechte Strategie, wenn die Revolutionäre die Amerikaner für ihre Konsumgewohnheiten verurteilen würden. Stattdessen sollte der Durchschnittsamerikaner als Opfer der Werbe- und Marketingindustrie dargestellt werden, die ihn dazu verleitet hat, eine Menge Krempel zu kaufen, den er nicht braucht und der eine sehr schlechte Entschädigung für seine verlorene Freiheit ist. Beide Ansätze entsprechen den Tatsachen. Es ist lediglich eine Frage der Einstellung, ob man der Werbeindustrie vorwirft, die Öffentlichkeit zu manipulieren, oder ob man die Öffentlichkeit dafür verantwortlich macht, dass sie sich selbst manipulieren lässt. Aus strategischen Gründen sollte man es generell vermeiden, der Öffentlichkeit die Schuld zu geben.

191. Man sollte sich gut überlegen, ob man einen anderen gesellschaftlichen Konflikt als den zwischen der Machtelite (die die Technologie beherrscht) und der Allgemeinheit (über die die Technologie ihre Macht ausübt) fördern will. Zum einen lenken andere Konflikte von den wichtigen Konflikten (zwischen Machtelite und Volk, zwischen Technologie und Natur) ab; zum anderen können andere Konflikte die Technologisierung sogar fördern, weil jede Seite in einem solchen Konflikt die technologische Macht nutzen will, um sich Vorteile gegenüber dem Gegner zu verschaffen. Dies zeigt sich deutlich in Rivalitäten zwischen Nationen. Es tritt auch bei ethnischen Konflikten innerhalb von Nationen auf. In Amerika zum Beispiel sind viele schwarze Führer bestrebt, die Macht der Afroamerikaner zu stärken, indem sie Schwarze in die technologische Machtelite aufnehmen. Sie wollen, dass es viele schwarze Regierungsbeamte, Wissenschaftler, Führungskräfte von Unternehmen usw. gibt. Auf diese Weise tragen sie dazu bei, die afroamerikanische Subkultur in das technologische System zu integrieren. Generell sollte man nur die gesellschaftlichen Konflikte fördern, die sich in den Rahmen der Konflikte Machtelite gegen einfache Menschen, Technologie gegen Natur einfügen lassen.

192. Der Weg zur Verhinderung ethnischer Konflikte führt jedoch *nicht* über ein militantes Eintreten für die Rechte von Minderheiten (sie-

he Abschnitte 21, 29). Stattdessen sollten die Revolutionäre betonen, dass Minderheiten zwar mehr oder weniger benachteiligt werden, diese Benachteiligung aber nur von peripherer Bedeutung ist. Unser wirklicher Feind ist das industriell-technologische System und im Kampf gegen dieses System sind ethnische Unterschiede nicht von Bedeutung.

193. Die Art von Revolution, die uns vorschwebt, wird nicht unbedingt einen bewaffneten Aufstand gegen irgendeine Regierung beinhalten. Sie kann physische Gewalt beinhalten oder auch nicht, aber sie wird keine *politische* Revolution sein. Der Schwerpunkt wird auf Technologie und Wirtschaft liegen, nicht auf der Politik.[32]

194. Wahrscheinlich sollten die Revolutionäre es sogar *vermeiden*, die politische Macht zu übernehmen, sei es mit legalen oder illegalen Mitteln, bis das industrielle System bis zum Gefährdungspunkt belastet ist und sich in den Augen der meisten Menschen als Fehlschlag erwiesen hat. Nehmen wir zum Beispiel an, eine »grüne« Partei würde bei einer Wahl die Kontrolle über den Kongress der Vereinigten Staaten gewinnen. Um ihre eigene Ideologie nicht zu verraten oder zu verwässern, müssten sie energische Maßnahmen ergreifen, um Wirtschaftswachstum in Wirtschaftsschrumpfung zu verwandeln. Für den Durchschnittsbürger wären die Folgen katastrophal: Es gäbe Massenarbeitslosigkeit, Rohstoffknappheit usw. Selbst wenn die gröbsten Schäden durch übermenschlich geschicktes Management vermieden werden könnten, müssten die Menschen anfangen, auf den Luxus zu verzichten, nach dem sie süchtig geworden sind. Die Unzufriedenheit würde wachsen, die »grüne« Partei würde abgewählt werden und die Revolutionäre hätten einen schweren Rückschlag erlitten. Aus diesem Grund sollten die Revolutionäre erst dann versuchen, die politische Macht zu erlangen, wenn sich das System selbst in einen solchen Schlamassel manövriert hat, dass etwaige Schwierigkeiten als Folge des Versagens des Industriesystems selbst und nicht als Folge der Politik der Revolutionäre angesehen werden. Die Revolution gegen die Technologie wird wahrscheinlich eine Revolution von Außenstehenden sein müssen, eine

Revolution von unten und nicht von oben.

195. Die Revolution muss international und weltweit stattfinden. Sie kann nicht auf der Basis einzelner Nationen durchgeführt werden. Wann immer vorgeschlagen wird, dass die Vereinigten Staaten zum Beispiel den technologischen Fortschritt oder das Wirtschaftswachstum einschränken sollten, werden die Leute hysterisch und schreien, dass die Japaner uns überholen werden, wenn wir in der Technologie zurückfallen. Heiliger Strohsack! Die Welt wird aus ihrer Umlaufbahn fliegen, wenn die Japaner jemals mehr Autos verkaufen als wir! (Nationalismus ist ein großartiger Förderer der Technologie.) Vernünftigerweise wird argumentiert, dass, wenn die relativ demokratischen Nationen der Welt in der Technologie zurückfallen, während böse, diktatorische Nationen wie China, Vietnam und Nordkorea weiter voranschreiten, die Diktatoren schließlich die Welt beherrschen könnten. Deshalb sollte das industrielle System in allen Ländern gleichzeitig angegriffen werden, soweit dies möglich ist. Es gibt zwar keine Garantie dafür, dass das industrielle System überall auf der Welt ungefähr zur gleichen Zeit zerstört werden kann, und es ist sogar denkbar, dass der Versuch, das System zu stürzen, stattdessen zur Beherrschung des Systems durch Diktatoren führt. Das ist ein Risiko, das eingegangen werden muss. Und es lohnt sich, es einzugehen, denn der Unterschied zwischen einem »demokratischen« Industriesystem und einem von Diktatoren kontrollierten ist gering im Vergleich zu dem Unterschied zwischen einem industriellen und einem nicht-industriellen System.[33] Man könnte sogar argumentieren, dass ein von Diktatoren kontrolliertes Industriesystem vorzuziehen wäre, weil sich diktatorisch kontrollierte Systeme in der Regel als ineffizient erwiesen haben und daher vermutlich eher zusammenbrechen werden. Sehen Sie sich Kuba an.

196. Revolutionäre könnten erwägen, Maßnahmen zu bevorzugen, die die Weltwirtschaft in ein einheitliches Ganzes einbinden. Freihandelsabkommen wie NAFTA (Nordamerikanisches Freihandelsabkommen) und GATT (Allgemeines Zoll- und Handelsabkommen) sind

kurzfristig wahrscheinlich schädlich für die Umwelt, aber langfristig sind sie vielleicht von Vorteil, weil sie die wirtschaftliche Verflechtung zwischen den Nationen fördern. Es wird leichter sein, das industrielle System weltweit zu zerstören, wenn die Weltwirtschaft so vereinheitlicht ist, dass ihr Zusammenbruch in einer der großen Nationen zu ihrem Zusammenbruch in allen Industrienationen führt.

197. Es gibt Leute, die meinen, der moderne Mensch habe zu viel Macht, zu viel Kontrolle über die Natur; sie plädieren für eine passivere Haltung der Menschheit. Diese Leute drücken sich bestenfalls unklar aus, weil sie nicht zwischen der Macht *großer Organisationen* und der Macht von *Einzelpersonen* und *kleinen Gruppen* unterscheiden. Es ist ein Fehler, für Ohnmacht und Passivität zu plädieren, denn der Mensch *braucht* Macht. Der moderne Mensch als kollektives Gebilde, d. h. das industrielle System, hat eine immense Macht über die Natur, und wir (FC) betrachten dies als Übel. Aber moderne *Individuen* und *kleine Gruppen von Individuen* haben weit weniger Macht als der primitive Mensch jemals hatte. Im Allgemeinen wird die enorme Macht des »modernen Menschen« über die Natur nicht von Einzelpersonen oder kleinen Gruppen, sondern von großen Organisationen ausgeübt. Soweit der durchschnittliche moderne *Einzelne* die Macht der Technologie ausüben kann, ist ihm dies nur innerhalb enger Grenzen und nur unter der Aufsicht und Kontrolle des Systems gestattet. (Man braucht für alles eine Lizenz, und mit der Lizenz kommen Regeln und Vorschriften.) Der Einzelne hat nur die technologischen Befugnisse, die ihm das System zur Verfügung stellt. Seine *persönliche* Macht über die Natur ist gering.

198. Primitive *Individuen* und *kleine Gruppen* hatten tatsächlich eine beträchtliche Macht über die Natur; oder vielleicht wäre es besser zu sagen, Macht *innerhalb* der Natur. Wenn der primitive Mensch Nahrung brauchte, wusste er, wie man essbare Wurzeln findet und zubereitet, wie man Wild aufspürt und es mit selbstgebauten Waffen erlegt. Er wusste, wie er sich vor Hitze, Kälte, Regen, gefährlichen Tieren usw. schützen konnte. Aber der primitive Mensch hat der Natur relativ we-

nig Schaden zugefügt, weil die *kollektive* Macht der primitiven Gesellschaft im Vergleich zur *kollektiven* Macht der Industriegesellschaft vernachlässigbar war.

199. Anstatt für Ohnmacht und Passivität zu plädieren, sollte man dafür plädieren, die Macht des *industriellen Systems* zu brechen, was die Macht und die Freiheit des *Einzelnen* und *kleiner Gruppen* erheblich *vergrößern* würde.

200. Solange das industrielle System nicht vollständig zerstört ist, darf nur die Zerstörung dieses Systems das *einzige* Ziel der Revolutionäre sein. Andere Ziele würden die Aufmerksamkeit und Energie vom Hauptziel ablenken. Noch wichtiger ist, dass die Revolutionäre, wenn sie sich erlauben, ein anderes Ziel als die Zerstörung der Technologie zu verfolgen, in Versuchung geraten, die Technologie als Werkzeug zu benutzen, um dieses andere Ziel zu erreichen. Wenn sie dieser Versuchung nachgeben, werden sie direkt wieder in die technologische Falle tappen, denn die moderne Technologie ist ein einheitliches, straff organisiertes System, so dass man sich gezwungen sieht, den *größten* Teil der Technologie beizubehalten, um einen *Teil* der Technologie zu erhalten, so dass man am Ende nur kleinste Teile der Technologie opfert.

201. Nehmen wir zum Beispiel an, die Revolutionäre hätten sich »soziale Gerechtigkeit« als Ziel gesetzt. Da die menschliche Natur so ist, wie sie ist, würde soziale Gerechtigkeit nicht spontan zustande kommen, sondern müsste erzwungen werden. Um sie zu erzwingen, müssten die Revolutionäre eine zentrale Organisation und Steuerung beibehalten. Dazu bräuchten sie ein schnelles Transport- und Kommunikationssystem über große Entfernungen und damit die gesamte Technologie, die zur Unterstützung der Transport- und Kommunikationssysteme erforderlich ist. Um die Armen zu ernähren und zu kleiden, müssten sie landwirtschaftliche und verarbeitende Technologien einsetzen. Und so weiter. Der Versuch, soziale Gerechtigkeit zu gewährleisten, würde sie also dazu zwingen, die meisten Teile des technologischen Systems beizubehalten. Nicht, dass wir etwas gegen soziale Gerechtigkeit hätten,

aber sie darf nicht mit dem Bestreben kollidieren, das technologische System abzuschaffen.

202. Es wäre hoffnungslos, wenn die Revolutionäre versuchen würden, das System anzugreifen, ohne sich *irgendeiner* modernen Technologie zu bedienen. Auf jeden Fall müssen sie die Kommunikationsmedien nutzen, um ihre Botschaft zu verbreiten. Aber sie sollten die moderne Technologie *nur zu einem einzigen Zweck* einsetzen: um das technologische System anzugreifen.

203. Stellen Sie sich einen Alkoholiker vor, der ein Fass Wein vor sich stehen hat. Nehmen wir an, er sagt zu sich selbst: »Wein ist nicht schlecht für dich, wenn du ihn in Maßen genießt. Man sagt ja, dass kleine Mengen Wein sogar gut für dich sind! Es wird mir nicht schaden, wenn ich nur einen kleinen Schluck nehme... .« Nun, Sie wissen, was passieren wird. Vergessen Sie nie: Der Mensch mit Technologie ist wie ein Alkoholiker mit einem Fass Wein.

204. Revolutionäre sollten so viele Kinder wie möglich haben. Es gibt starke wissenschaftliche Belege dafür, dass gesellschaftliche Einstellungen zu einem erheblichen Teil vererbt werden. Niemand behauptet, dass eine gesellschaftliche Einstellung ein direktes Ergebnis der genetischen Konstitution einer Person ist, aber es scheint, dass Persönlichkeitsmerkmale teilweise vererbt werden und dass bestimmte Persönlichkeitsmerkmale im Kontext unserer Gesellschaft dazu führen, dass eine Person eher diese oder jene gesellschaftliche Einstellung vertritt. Gegen diese Erkenntnisse wurden Einwände erhoben, die jedoch schwach sind und ideologisch motiviert zu sein scheinen. Auf jeden Fall bestreitet niemand, dass Kinder im Durchschnitt dazu neigen, ähnliche gesellschaftliche Einstellungen wie ihre Eltern zu haben. Aus unserer Sicht spielt es keine große Rolle, ob die Einstellungen genetisch oder durch die Erziehung in der Kindheit weitergegeben werden. In jedem Fall *werden* sie weitergegeben.

205. Das Problem ist, dass viele der Menschen, die sich gegen das industrielle System auflehnen, auch über das Bevölkerungsproblem be-

sorgt sind und daher dazu neigen, wenige oder keine Kinder zu haben. Auf diese Weise überlassen sie die Welt möglicherweise der Sorte von Menschen, die das industrielle System unterstützen oder zumindest akzeptieren. Um die Stärke der nächsten Generation von Revolutionären zu gewährleisten, sollte sich die heutige Generation reichlich vermehren. Dadurch wird sich das Bevölkerungsproblem nur geringfügig verschärfen. Und das wichtigste Problem ist, das industrielle System loszuwerden, denn sobald das industrielle System verschwunden ist, wird die Weltbevölkerung notwendigerweise abnehmen (siehe Abschnitt 167); wenn das industrielle System jedoch überlebt, wird es weiterhin neue Techniken der Nahrungsmittelproduktion entwickeln, die es der Weltbevölkerung ermöglichen, fast unbegrenzt weiter zu wachsen.

206. Was die revolutionäre Strategie betrifft, so bestehen wir nur auf einem einzigen Punkt: Das einzige übergeordnete Ziel muss die Beseitigung der modernen Technologie sein und kein anderes Ziel darf mit diesem Ziel konkurrieren. Ansonsten sollten die Revolutionäre einen empirischen Ansatz verfolgen. Wenn die Erfahrung zeigt, dass einige der in den vorangegangenen Abschnitten gemachten Empfehlungen nicht zu guten Ergebnissen führen werden, dann sollten diese Empfehlungen verworfen werden.

Zwei Arten von Technologie

207. Ein Argument, das wahrscheinlich gegen die von uns vorgeschlagene Revolution vorgebracht werden wird, ist, dass sie zwangsläufig scheitern muss, weil (so wird behauptet) die Technologie im Laufe der Geschichte immer Fortschritte und nie Rückschritte gemacht hat und daher ein technologischer Rückschritt unmöglich ist. Doch diese Behauptung ist falsch.

208. Wir unterscheiden zwischen zwei Arten von Technologie, die wir als *kleinmaßstäbliche* Technologie und *organisationsabhängige* Technologie bezeichnen wollen. Technologie in kleinem Maßstab ist Tech-

nologie, die von kleinen Gemeinschaften ohne Hilfe von außen genutzt werden kann. Organisationsabhängige Technologie ist Technologie, die von einer groß angelegten gesellschaftlichen Organisation abhängt. Uns sind keine nennenswerten Fälle von Rückschritten bei der Technologie im kleinen Maßstab bekannt. Bei der organisationsabhängigen Technologie kommt es jedoch zu *Rückschritten*, wenn die soziale Organisation, von der sie abhängt, zusammenbricht. Beispiel: Als das Römische Reich zerfiel, überlebte die kleinmaßstäbliche Technologie der Römer, weil jeder geschickte Dorfhandwerker z. B. ein Wasserrad bauen konnte, jeder geschickte Schmied Stahl nach römischen Methoden herstellen konnte und so weiter. Aber die organisationsabhängige Technologie der Römer entwickelte sich *zurück*. Ihre Aquädukte verfielen und wurden nie wieder aufgebaut. Ihre Techniken des Straßenbaus gingen verloren. Das römische System der städtischen Abwasserentsorgung geriet in Vergessenheit, so dass die Abwasserentsorgung in den europäischen Städten erst in jüngster Zeit mit der im alten Rom vergleichbar wurde.

209. Der Grund, warum die Technologie scheinbar immer weiter fortgeschritten ist, liegt darin, dass bis vielleicht ein oder zwei Jahrhunderte vor der industriellen Revolution die meisten Technologien kleinmaßstäblich waren. Die meisten Technologien, die seit der industriellen Revolution entwickelt wurden, sind jedoch organisationsabhängige Technologien. Nehmen wir zum Beispiel den Kühlschrank. Ohne fabrikmäßig hergestellte Teile oder die Möglichkeiten einer modernen Maschinenwerkstatt wäre es für eine Handvoll lokaler Handwerker praktisch unmöglich, einen Kühlschrank zu bauen. Selbst wenn es ihnen wie durch ein Wunder gelänge, einen Kühlschrank zu bauen, wäre er ohne eine zuverlässige Stromquelle nutzlos. Also müssten sie einen Bach stauen und einen Generator bauen. Generatoren benötigen große Mengen an Kupferdraht. Stellen Sie sich vor, Sie müssten versuchen, diesen Draht ohne moderne Maschinen herzustellen. Und woher sollten sie ein für die Kühlung geeignetes Gas nehmen? Es wäre viel einfacher, ein Eishaus zu bauen oder Lebensmittel durch Trocknen oder

Einlegen zu konservieren, wie es vor der Erfindung des Kühlschranks gemacht wurde.

210. Es liegt also auf der Hand, dass die Kältetechnik schnell verloren gehen würde, wenn das industrielle System einmal völlig zusammenbrechen würde. Das Gleiche gilt für andere organisationsabhängige Technologien. Und wenn diese Technologie erst einmal für eine Generation oder so verloren gegangen ist, würde es Jahrhunderte dauern, sie wieder aufzubauen, so wie es Jahrhunderte gedauert hat, sie das erste Mal aufzubauen. Die überlebenden technischen Bücher würden nur wenige und verstreut sein. Eine Industriegesellschaft kann, wenn sie von Grund auf ohne fremde Hilfe aufgebaut wird, nur in einer Abfolge von Schritten entstehen: Man braucht Werkzeuge, um Werkzeuge herzustellen, um Werkzeuge herzustellen, um Werkzeuge herzustellen … . Es ist ein langer Prozess der wirtschaftlichen Entwicklung und des Fortschritts in der gesellschaftlichen Organisation erforderlich. Und selbst wenn es keine technikfeindliche Ideologie gäbe, gibt es keinen Grund zu glauben, dass irgendjemand am Wiederaufbau der Industriegesellschaft interessiert wäre. Die Begeisterung für den »Fortschritt« ist ein Phänomen, das der modernen Gesellschaftsform eigen ist und das es vor ungefähr dem 17. Jahrhundert anscheinend nicht gegeben hat.

211. Im späten Mittelalter gab es vier große Zivilisationen, die etwa gleich »fortgeschritten« waren: Europa, die islamische Welt, Indien und der Ferne Osten (China, Japan, Korea). Drei dieser Zivilisationen blieben mehr oder weniger stabil, und nur Europa entwickelte sich dynamisch. Niemand weiß, warum Europa zu dieser Zeit dynamisch wurde; Historiker haben ihre Theorien, aber das sind nur Spekulationen. Klar ist jedenfalls, dass eine schnelle Entwicklung hin zu einer technologischen Gesellschaftsform nur unter besonderen Bedingungen stattfindet. Es gibt also keinen Grund anzunehmen, dass eine lang anhaltende technologische Regression nicht möglich ist.

212. Würde sich die Gesellschaft *irgendwann* wieder zu einer industriell-technologischen Form entwickeln? Vielleicht, aber es ist sinnlos,

sich darüber Gedanken zu machen, denn wir können die Ereignisse in 500 oder 1000 Jahren nicht vorhersagen oder kontrollieren. Diese Probleme müssen von den Menschen gelöst werden, die dann leben werden.

Die Gefahr der politischen Linken

213. Aufgrund ihres Bedürfnisses nach Rebellion und nach der Zugehörigkeit zu einer Bewegung werden Linke oder Personen mit einem ähnlichen psychologischen Typus oft von einer rebellischen oder aktivistischen Bewegung angezogen, deren Ziele und Mitglieder nicht von vornherein links sind. Der daraus resultierende Zustrom von Personen linker Art kann leicht eine nicht-linke Bewegung in eine linke verwandeln, so dass linke Ziele die ursprünglichen Ziele der Bewegung ersetzen oder verzerren.

214. Um dies zu vermeiden, muss eine Bewegung, die die Natur verherrlicht und die Technologie ablehnt, eine entschieden antilinke Haltung einnehmen und jede Zusammenarbeit mit Linken vermeiden. Die Linke ist auf Dauer unvereinbar mit der wilden Natur, mit der menschlichen Freiheit und mit der Beseitigung der modernen Technologie. Die Linke ist kollektivistisch; sie will die gesamte Welt (sowohl die Natur als auch die Menschen) zu einem einheitlichen Ganzen zusammenfügen. Dies setzt jedoch die Verwaltung der Natur und des menschlichen Lebens durch die organisierte Gesellschaft voraus und erfordert eine fortgeschrittene Technologie. Man kann keine vereinte Welt haben ohne schnellen Transport und Kommunikation über große Entfernungen, man kann nicht alle Menschen dazu bringen, sich gegenseitig zu lieben ohne ausgefeilte psychologische Techniken, man kann keine »geplante Gesellschaft« haben ohne die notwendige technologische Basis. Die Linke wird vor allem vom Bedürfnis nach Macht angetrieben, und die Linke strebt nach Macht auf kollektiver Basis, durch Identifikation mit einer Massenbewegung oder einer Organisation. Es ist unwahrscheinlich, dass

die Linke jemals die Technologie aufgeben wird, denn sie ist eine zu wertvolle Quelle kollektiver Macht.

215. Auch der Anarchist[34] strebt nach Macht, aber auf individueller oder Kleingruppenbasis; er will, dass Individuen und Kleingruppen in der Lage sind, die Umstände ihres eigenen Lebens zu kontrollieren. Er lehnt die Technologie ab, weil sie kleine Gruppen von großen Organisationen abhängig macht.

216. Einige Linke mögen scheinbar gegen die Technologie sein, aber sie sind nur so lange dagegen, wie sie Außenseiter sind und das technologische System von Nicht-Linken kontrolliert wird. Wenn die Linke in der Gesellschaft jemals dominant wird, so dass das technologische System zu einem Werkzeug in den Händen der Linken wird, werden sie es mit Begeisterung nutzen und sein Wachstum fördern. Dabei werden sie ein Muster wiederholen, das die Linke in der Vergangenheit immer wieder gezeigt hat. Als die Bolschewiki in Russland Außenseiter waren, lehnten sie die Zensur und die Geheimpolizei energisch ab, traten für die Selbstbestimmung ethnischer Minderheiten ein usw. Sobald sie jedoch selbst an die Macht kamen, verhängten sie eine strengere Zensur und schufen eine noch rücksichtslosere Geheimpolizei, als es sie unter den Zaren gegeben hatte, und sie unterdrückten ethnische Minderheiten mindestens genauso sehr wie es die Zaren getan hatten. In den Vereinigten Staaten waren in den 1960er Jahren, als Linke an unseren Universitäten eine Minderheit waren, linke Professoren energische Verfechter der akademischen Freiheit, aber heute haben sie sich an den Universitäten, an denen Linke die Oberhand gewonnen haben, bereit gezeigt, allen anderen die akademische Freiheit zu nehmen. (Das ist »politische Korrektheit«.) Das Gleiche wird mit den Linken und der Technologie passieren: Sie werden sie benutzen, um alle anderen zu unterdrücken, wenn sie sie jemals unter ihre eigene Kontrolle bekommen.

217. In früheren Revolutionen haben Linke des machthungrigsten Typs immer wieder zunächst mit nicht-linken Revolutionären sowie mit eher libertär eingestellten Linken zusammengearbeitet und sie später

hintergangen, um selbst die Macht zu übernehmen. Robespierre tat dies in der Französischen Revolution, die Bolschewiki in der Russischen Revolution, die Kommunisten 1938 in Spanien und Castro und seine Anhänger in Kuba. In Anbetracht der Geschichte der Linken wäre es für nicht-linke Revolutionäre heute völlig töricht, mit Linken zusammenzuarbeiten.

218. Verschiedene Denker haben darauf hingewiesen, dass die Linke eine Art Religion ist. Die Linke ist keine Religion im engeren Sinne, denn die Doktrin der Linken postuliert nicht die Existenz eines übernatürlichen Wesens. Aber für ihre Anhänger spielt die Linke eine ähnliche psychologische Rolle wie die Religion für manche Menschen. Der Linke *muss* daran glauben; sie spielt eine wichtige Rolle in seiner psychologischen Ökonomie. Seine Überzeugungen lassen sich nicht leicht durch Logik oder Fakten ändern. Er ist zutiefst davon überzeugt, dass die Linke moralisch richtig ist, und dass er nicht nur das Recht, sondern die Pflicht hat, die linke Moral allen aufzuzwingen. (Viele der Menschen, die wir als »Linke« bezeichnen, sehen sich selbst jedoch nicht als Linke und würden ihr Glaubenssystem nicht als links bezeichnen. Wir verwenden den Begriff »Linke«, weil wir kein besseres Wort kennen, um das Spektrum verwandter Glaubensbekenntnisse zu bezeichnen, das die Bewegungen der Feministen, der Schwulenrechte, der politischen Korrektheit usw. umfasst, und weil diese Bewegungen eine starke Affinität zur alten Linken haben. Siehe Abschnitte 227-230.)

219. Die Linke ist eine totalitäre Kraft. Wo immer die Linke eine Machtposition innehat, neigt sie dazu, in jede private Ecke einzudringen und jeden Gedanken in eine linke Form zu zwingen. Das liegt zum Teil an dem quasi-religiösen Charakter der Linken; alles, was den linken Überzeugungen widerspricht, ist Sünde. Noch wichtiger ist jedoch, dass die Linke aufgrund des Machtstrebens ihrer Anhänger eine totalitäre Kraft ist. Der Linke versucht, sein Machtbedürfnis durch Identifikation mit einer sozialen Bewegung zu befriedigen, und er versucht, den Power Process zu durchlaufen, indem er dazu beiträgt, die Ziele der

Bewegung zu verfolgen und zu erreichen (siehe Abschnitt 83). Doch egal, wie weit die Bewegung bei der Erreichung ihrer Ziele gekommen ist, der Linke ist nie zufrieden, denn sein Aktivismus ist eine Ersatzhandlung (siehe Abschnitt 41). Das heißt, das eigentliche Motiv des Linken besteht nicht darin, die vorgeblichen linken Ziele zu erreichen; in Wirklichkeit wird er durch das Gefühl der Macht motiviert, das er bekommt, wenn er für ein gesellschaftliches Ziel kämpft und es dann erreicht.[35] Folglich ist der Linke nie mit den Zielen zufrieden, die er bereits erreicht hat; sein Bedürfnis nach dem Power Process führt ihn immer wieder dazu, ein neues Ziel zu verfolgen. Der Linke will Chancengleichheit für Minderheiten. Wenn diese erreicht ist, besteht er auf der statistischen Gleichheit der Leistungen von Minderheiten. Und solange irgendjemand in irgendeinem Winkel seines Verstandes eine negative Einstellung gegenüber einer Minderheit hegt, muss der Linke ihn umerziehen. Und ethnische Minderheiten sind nicht genug; niemand darf eine negative Einstellung gegenüber Homosexuellen, Behinderten, Dicken, Alten, Hässlichen und so weiter und so fort haben. Es reicht nicht aus, dass die Öffentlichkeit über die Gefahren des Rauchens informiert wird; auf jeder Zigarettenpackung muss ein Warnhinweis angebracht werden. Dann muss die Zigarettenwerbung eingeschränkt, wenn nicht gar verboten werden. Die Aktivisten werden erst zufrieden sein, wenn der Tabak verboten ist, und danach wird es Alkohol sein, dann Junk Food usw. Die Aktivisten haben gegen groben Kindesmissbrauch gekämpft, was vernünftig ist. Aber jetzt wollen sie jeden Klaps auf den Hintern abschaffen. Wenn sie das getan haben, werden sie noch etwas anderes verbieten wollen, das sie für ungesund halten, dann noch etwas anderes und dann noch etwas anderes. Sie werden nie zufrieden sein, bis sie die vollständige Kontrolle über alle Erziehungsmethoden haben. Und dann werden sie zu einem anderen Thema übergehen.

220. Stellen Sie sich vor, Sie würden die Linken bitten, eine Liste *aller* Dinge zu erstellen, die in der Gesellschaft nicht in Ordnung sind, und dann würden Sie *jede* von ihnen geforderte gesellschaftliche Verände-

rung einführen. Man kann mit Sicherheit sagen, dass die Mehrheit der Linken innerhalb weniger Jahre etwas Neues finden würde, worüber sie sich beschweren könnten, ein neues soziales »Übel«, das es zu korrigieren gilt, denn wieder einmal ist die Motivation der Linken weniger der Kummer über die Missstände in der Gesellschaft als vielmehr das Bedürfnis, ihren Machthunger zu befriedigen, indem sie der Gesellschaft ihre Lösungen aufzwingen.

221. Aufgrund der Beschränkungen, die ihrem Denken und Verhalten durch ihren hohen Sozialisierungsgrad auferlegt sind, können viele Linke des übersozialisierten Typs nicht so nach Macht streben, wie andere Menschen es tun. Für sie hat das Streben nach Macht nur ein moralisch akzeptables Ventil, und das ist der Kampf, ihre Moral allen aufzuzwingen.

222. Linke, insbesondere die des übersozialisierten Typs, sind Fanatiker (True Believer) im Sinne von Eric Hoffers Buch *The True Believer* (*Der Fanatiker*). Aber nicht alle Fanatiker sind vom gleichen psychologischen Typ wie Linke. Vermutlich unterscheidet sich beispielsweise ein fanatischer Nazi psychologisch sehr von einem fanatischen Linken. Aufgrund ihrer bedingungslosen Hingabe zu einer Sache, sind Fanatiker ein nützlicher, vielleicht sogar notwendiger Bestandteil jeder revolutionären Bewegung. Dies stellt ein Problem dar, von dem wir zugeben müssen, dass wir nicht wissen, wie wir damit umgehen sollen. Wir sind uns nicht sicher, wie wir die Kräfte der Fanatiker für eine Revolution gegen die Technologie nutzbar machen können. Derzeit können wir nur sagen, dass kein Fanatiker sicher für die Revolution rekrutiert werden kann, wenn er sich nicht ausschließlich für die Zerstörung der Technologie einsetzt. Wenn er sich auch einem anderen Ideal verschrieben hat, wird er die Technologie vielleicht als Werkzeug für die Verfolgung dieses anderen Ideals nutzen wollen. (Siehe Abschnitte 200, 201.)

223. Einige Leser werden vielleicht sagen: »Dieses Zeug über die Linke ist ein Haufen Mist. Ich kenne John und Jane, die links sind, und sie haben nicht all diese totalitären Tendenzen.« Es stimmt, dass viele Lin-

ke, vielleicht sogar eine zahlenmäßige Mehrheit, anständige Menschen sind, die aufrichtig daran glauben, die Werte anderer zu tolerieren (bis zu einem gewissen Grad), und die keine anmaßenden Methoden anwenden wollen, um ihre gesellschaftlichen Ziele zu erreichen. Unsere Bemerkungen über die Linke sollen nicht auf jeden einzelnen Linken zutreffen, sondern den allgemeinen Charakter der Linken als Bewegung beschreiben. Und der allgemeine Charakter einer Bewegung wird nicht notwendigerweise durch die zahlenmäßigen Proportionen der verschiedenen Arten von Menschen bestimmt, die an der Bewegung beteiligt sind.

224. Die Menschen, die in linken Bewegungen in Machtpositionen aufsteigen, sind in der Regel Linke des machthungrigsten Typs, denn machthungrige Menschen sind diejenigen, die am stärksten danach streben, in Machtpositionen zu gelangen. Sobald die machthungrigen Typen die Kontrolle über die Bewegung erlangt haben, gibt es viele Linke der sanfteren Sorte, die innerlich viele der Aktionen der Führer missbilligen, sich aber nicht dazu durchringen können, sich ihnen zu widersetzen. Sie *brauchen* ihren Glauben an die Bewegung, und weil sie diesen Glauben nicht aufgeben können, folgen sie ihren Führern. Es gibt zwar *manche* Linke, die den Mut haben, sich den aufkommenden totalitären Tendenzen zu widersetzen, aber sie verlieren im Allgemeinen, weil die machthungrigen Typen besser organisiert, rücksichtsloser und machiavellistischer sind und sich sorgsam eine starke Machtbasis aufgebaut haben.

225. Diese Phänomene traten in Russland und anderen Ländern, die von den Linken übernommen wurden, deutlich zutage. Auch vor dem Zusammenbruch des Kommunismus in der UdSSR haben linke Typen im Westen dieses Land nur selten kritisiert. Wenn man sie dazu aufforderte, gaben sie zwar zu, dass die UdSSR vieles falsch gemacht hatte, aber dann versuchten sie, Entschuldigungen für die Kommunisten zu finden und begannen, über die Fehler des Westens zu sprechen. Sie waren immer gegen westlichen militärischen Widerstand gegenüber kom-

munistischer Aggression. Linke auf der ganzen Welt protestierten energisch gegen das militärische Vorgehen der USA in Vietnam, aber als die UdSSR in Afghanistan einmarschierte, taten sie nichts. Nicht, dass sie die sowjetischen Aktionen gutgeheißen hätten, aber aufgrund ihres linken Glaubens konnten sie es einfach nicht ertragen, sich in Opposition zum Kommunismus zu stellen. Heute gibt es an unseren Universitäten, an denen die »politische Korrektheit« vorherrscht, wahrscheinlich viele Linke, die insgeheim die Unterdrückung der akademischen Freiheit missbilligen, aber sie machen trotzdem mit.

226. Die Tatsache, dass viele einzelne Linke persönlich sanfte und recht tolerante Menschen sind, schließt also keineswegs aus, dass die Linke als Ganzes eine totalitäre Tendenz hat.

227. Unsere Diskussion über die Linke hat eine große Schwäche. Es ist immer noch nicht ganz klar, was wir mit dem Wort »links« meinen. Es scheint, dass wir daran nicht viel ändern können. Die Linke ist heute in ein ganzes Spektrum aktivistischer Bewegungen zersplittert. Doch nicht alle aktivistischen Bewegungen sind links, und einige aktivistische Bewegungen (z. B. der radikale Umweltschutz) scheinen sowohl Persönlichkeiten des linken Typs als auch Persönlichkeiten von durch und durch nicht-linken Typen zu umfassen, die es besser wissen sollten, als mit Linken zusammenzuarbeiten. Verschiedene Arten von Linken gehen allmählich in verschiedene Arten von Nicht-Linken über, und wir selbst könnten oft nur schwer entscheiden, ob eine bestimmte Person ein Linker ist oder nicht. Soweit sie überhaupt definiert ist, wird unsere Auffassung der Linken durch die Diskussion in diesem Artikel bestimmt, und wir können dem Leser nur raten, sein eigenes Urteilsvermögen einzusetzen, um zu entscheiden, wer ein Linker ist.

228. Es wird jedoch hilfreich sein, einige Kriterien für die Feststellung der linken Ideologie aufzulisten. Diese Kriterien lassen sich nicht pauschal anwenden. Einige Personen können einige der Kriterien erfüllen, ohne Linke zu sein, andere Linke erfüllen vielleicht keines der Kriterien. Auch hier muss man einfach sein Urteilsvermögen einsetzen.

229. Der Linke ist auf einen groß angelegten Kollektivismus ausgerichtet. Er betont die Pflicht des Einzelnen, der Gesellschaft zu dienen, und die Pflicht der Gesellschaft, für den Einzelnen zu sorgen. Er hat eine negative Einstellung zum Individualismus. Er schlägt oft einen moralistischen Ton an. Er ist tendenziell für strenge Waffengesetze, für Sexualerziehung und andere psychologisch »aufgeklärte« Erziehungsmethoden, für Gesellschaftsplanung, für »affirmative action«, für Multikulturalismus. Er neigt dazu, sich mit den Opfern zu identifizieren. Er neigt dazu, gegen Wettbewerb und gegen Gewalt zu sein, aber er findet oft Entschuldigungen für jene Linken, die Gewalttaten begehen. Er benutzt gerne die gängigen Schlagworte der Linken wie »Rassismus«, »Sexismus«, »Homophobie«, »Kapitalismus«, »Imperialismus«, »Neokolonialismus«, »Völkermord«, »gesellschaftlicher Wandel«, »soziale Gerechtigkeit« und »soziale Verantwortung«. Das vielleicht beste diagnostische Merkmal des Linken ist seine Neigung, mit folgenden Bewegungen zu sympathisieren: Feminismus, Schwulenrechte, ethnische Rechte, Behindertenrechte, Tierrechte, politische Korrektheit. Jeder, der mit *allen* diesen Bewegungen stark sympathisiert, ist mit ziemlicher Sicherheit ein Linker.[36]

230. Die gefährlicheren Linken, d. h. diejenigen, die am meisten nach Macht streben, zeichnen sich oft durch Arroganz oder eine dogmatische Einstellung zur Ideologie aus. Die gefährlichsten Linken von allen könnten jedoch bestimmte übersozialisierte Typen sein, die irritierende Aggressivität vermeiden und nicht für ihr Linkssein werben, sondern sich still und unauffällig für kollektivistische Werte, »aufgeklärte« psychologische Techniken zur Sozialisierung von Kindern, die Abhängigkeit des Einzelnen vom System usw. einsetzen. Diese Krypto-Linken (wie wir sie nennen könnten) nähern sich bestimmten Bürgerlichen an, was ihr praktisches Handeln betrifft, unterscheiden sich aber von ihnen in Psychologie, Ideologie und Motivation. Der gewöhnliche Bürgerliche versucht, die Menschen unter Kontrolle des Systems zu bringen, um seine Lebensweise zu schützen, oder er tut dies einfach, weil seine Einstel-

lungen konventionell sind. Der Krypto-Linke versucht, die Menschen unter die Kontrolle des Systems zu bringen, weil er fanatisch an eine kollektivistische Ideologie glaubt. Der Krypto-Linke unterscheidet sich vom durchschnittlichen Linken des übersozialisierten Typs dadurch, dass sein rebellischer Impuls schwächer ist und er sicherer sozialisiert ist. Er unterscheidet sich vom gewöhnlichen, gut sozialisierten Bürgerlichen dadurch, dass es in ihm einen tiefen Mangel gibt, der es für ihn notwendig macht, sich einem Aktivistenthema zu widmen und in ein Kollektiv einzutauchen. Und vielleicht ist sein (gut sublimierter) Drang nach Macht stärker als der des Durchschnittsbürgerlichen.

Schlussbemerkung

231. Im Laufe dieses Artikels haben wir ungenaue Aussagen gemacht und Aussagen, die mit allen möglichen Einschränkungen und Vorbehalten hätten versehen werden müssen; und einige unserer Aussagen sind vielleicht schlichtweg falsch. Mangels ausreichender Informationen und um der Kürze willen war es uns nicht möglich, unsere Behauptungen präziser zu formulieren oder alle notwendigen Einschränkungen hinzuzufügen. Und natürlich muss man sich bei einer Diskussion dieser Art stark auf sein intuitives Urteil verlassen, und das kann manchmal falsch sein. Daher erheben wir nicht den Anspruch, dass dieser Artikel mehr als eine grobe Annäherung an die Wahrheit wiedergibt.

232. Dennoch sind wir einigermaßen zuversichtlich, dass die allgemeinen Umrisse des Bildes, das wir hier gezeichnet haben, in etwa richtig sind. Nur ein möglicher Schwachpunkt muss erwähnt werden. Wir haben die Linke in ihrer modernen Form als ein unserer Zeit eigentümliches Phänomen und als ein Symptom für die Störung des Power Process dargestellt. Aber möglicherweise irren wir uns in diesem Punkt. Übersozialisierte Typen, die ihr Machtstreben dadurch zu befriedigen suchen, dass sie allen ihre Moral aufzwingen, gibt es sicher schon lange. Aber wir *vermuten*, dass die entscheidende Komponente der Gefüh-

le der Minderwertigkeit, des geringen Selbstwertgefühls, der Ohnmacht, der Identifikation mit Opfern durch Menschen, die selbst keine Opfer sind, eine Besonderheit der modernen Linken ist. Die Identifikation mit Opfern durch Menschen, die nicht selbst Opfer sind, ist in gewissem Maße in der Linken des 19. Jahrhunderts und im frühen Christentum zu beobachten, aber soweit wir erkennen können, waren die Symptome eines geringen Selbstwertgefühls usw. in diesen Bewegungen oder in anderen Bewegungen nicht annähernd so offensichtlich wie in der modernen Linken. Aber wir sind nicht in der Lage, mit Sicherheit zu behaupten, dass es vor der modernen Linken keine solchen Bewegungen gegeben hat. Dies ist eine wichtige Frage, der die Historiker ihre Aufmerksamkeit schenken sollten.

Anmerkungen

1. (Abschnitt 19) Wir behaupten nicht, dass alle oder die meisten Tyrannen und rücksichtslosen Konkurrenten unter Gefühlen der Minderwertigkeit leiden.

2. (Abschnitt 25) In der viktorianischen Zeit litten viele übersozialisierte Menschen an schweren psychischen Problemen, weil sie ihre sexuellen Gefühle unterdrückten oder zu unterdrücken versuchten. Freud stützte seine Theorien offenbar auf Menschen dieses Typs. Heute hat sich der Schwerpunkt der Sozialisation von Sex auf Aggression verlagert.

3. (Abschnitt 27) Dazu gehören nicht unbedingt Fachleute aus dem Ingenieurwesen oder den »harten« Wissenschaften.

4. (Abschnitt 28) Es gibt viele Personen der Mittel- und Oberschicht, die sich einigen dieser Werte widersetzen, aber in der Regel ist ihr Widerstand mehr oder weniger verdeckt. In den Massenmedien kommt dieser Widerstand nur in sehr begrenztem Umfang zum Ausdruck. Die Hauptrichtung der Propaganda in unserer Gesellschaft ist zugunsten der genannten Werte. Der Hauptgrund, warum diese Werte sozusagen zu den offiziellen Werten unserer Gesellschaft geworden sind, liegt dar-

in, dass sie für das industrielle System nützlich sind. Gewalt wird abgelehnt, weil sie das Funktionieren des Systems stört. Rassismus wird abgelehnt, weil ethnische Konflikte das System ebenfalls stören, und durch Diskriminierung werden die Talente von Angehörigen von Minderheitsgruppen verschwendet, die für das System nützlich sein könnten. Armut muss »geheilt« werden, weil die Unterschicht dem System Probleme bereitet und der Kontakt mit der Unterschicht die Moral der anderen Klassen senkt. Frauen werden ermutigt, Karriere zu machen, weil ihre Talente für das System nützlich sind und, was noch wichtiger ist, weil Frauen durch eine reguläre Arbeit in das System integriert und direkt an dieses gebunden werden, anstatt an ihre Familien. Dies trägt dazu bei, die familiäre Solidarität zu schwächen. (Die Führer des Systems sagen, sie wollen die Familie stärken, aber was sie wirklich meinen, ist, dass sie wollen, dass die Familie als wirksames Instrument für die Sozialisierung der Kinder in Übereinstimmung mit den Bedürfnissen des Systems dient. Wir argumentieren in den Abschnitten 51, 52, dass das System es sich nicht leisten kann, die Familie oder andere kleine soziale Gruppen stark oder autonom sein zu lassen.)

5. (Abschnitt 42) Man könnte argumentieren, dass die Mehrheit der Menschen nicht ihre eigenen Entscheidungen treffen will, sondern dass die Führer ihr Denken für sie übernehmen sollen. Darin liegt ein Körnchen Wahrheit. In kleinen Angelegenheiten treffen die Menschen gerne ihre eigenen Entscheidungen, aber wenn es um schwierige, grundlegende Fragen geht, muss man sich psychologischen Konflikten stellen, und die meisten Menschen hassen psychologische Konflikte. Daher neigen sie dazu, sich bei schwierigen Entscheidungen auf andere zu stützen. Daraus folgt aber nicht, dass sie sich gerne Entscheidungen aufzwingen lassen, ohne die Möglichkeit zu haben, diese Entscheidungen zu beeinflussen. Die meisten Menschen sind von Natur aus Mitläufer und keine Anführer, aber sie möchten einen direkten persönlichen Zugang zu ihren Anführern haben, sie möchten in der Lage sein, die Anführer zu beeinflussen und bis zu einem gewissen Grad selbst an schwie-

rigen Entscheidungen mitwirken. Zumindest bis zu diesem Grad brauchen sie Autonomie.

6. (Abschnitt 44) Einige der aufgeführten Symptome ähneln denen von eingesperrten Tieren. Als Erklärung, wie diese Symptome durch Entbehrung in Bezug auf den Power Process entstehen: Der gesunde Menschenverstand sagt einem, dass das Fehlen von Zielen, deren Erreichen Anstrengung erfordert, zu Langeweile führt, und dass Langeweile, wenn sie lange anhält, schließlich oft zu Depressionen führt. Das Nichterreichen von Zielen führt zu Frustration und einer Verringerung des Selbstwertgefühls. Frustration führt zu Wut, Wut zu Aggression, oft in Form von Missbrauch des Ehepartners oder der Kinder. Es ist erwiesen, dass lang anhaltende Frustration häufig zu Depressionen führt und dass Depressionen in der Regel Angstzustände, Schuldgefühle, Schlafstörungen, Essstörungen und negative Selbsteinschätzungen verursachen. Diejenigen, die zu Depressionen neigen, suchen Vergnügen als Gegenmittel; daher unersättlicher Hedonismus und exzessiver Sex, mit Perversionen als Mittel, um neue Kicks zu bekommen. Langeweile führt oft zu übermäßiger Vergnügungssucht, da die Menschen in Ermangelung anderer Ziele oft das Vergnügen als Ziel benutzen. Die vorstehenden Ausführungen sind eine Vereinfachung. Die Realität ist komplexer, und natürlich ist die Entbehrung in Bezug auf den Power Process nicht die einzige Ursache für die beschriebenen Symptome. Wenn wir von Depression sprechen, meinen wir übrigens nicht unbedingt eine Depression, die schwer genug ist, um von einem Psychiater behandelt zu werden. Oft handelt es sich nur um leichte Formen der Depression. Und wenn wir von Zielen sprechen, meinen wir nicht unbedingt langfristige, durchdachte Ziele. Für viele oder die meisten in der Geschichte der Menschheit war es völlig ausreichend, von der Hand in den Mund zu leben (sich selbst und seine Familie mit Nahrung und anderen Dingen des täglichen Bedarfs zu versorgen).

7. (Abschnitt 52) Eine teilweise Ausnahme kann für einige passive, nach innen gerichtete Gruppen wie die Amish gemacht werden, die

kaum Auswirkungen auf die breitere Gesellschaft haben. Abgesehen davon gibt es heute in Amerika einige echte kleinmaßstäbliche Gemeinschaften. Zum Beispiel Jugendbanden und »Sekten«. Jeder hält sie für gefährlich, und das sind sie auch, denn die Mitglieder dieser Gruppen sind in erster Linie einander und nicht dem System gegenüber loyal, so dass das System sie nicht kontrollieren kann. Oder nehmen Sie die [redigiert]. Die [redigiert] kommen in der Regel mit Diebstahl und Betrug davon, weil ihre Loyalitäten so sind, dass sie immer andere dazu bringen können, als Zeugen auszusagen, die ihre Unschuld »beweisen«. Offensichtlich würde das System in ernste Schwierigkeiten geraten, wenn zu viele Menschen solchen Gruppen angehören würden. Einige der chinesischen Denker des frühen 20. Jahrhunderts, die sich mit der Modernisierung Chinas befassten, erkannten die Notwendigkeit, kleine soziale Gruppen wie die Familie aufzulösen: »[Sun Yat-Sen zufolge] brauchte das chinesische Volk eine neue Welle des Patriotismus, die zu einer Übertragung der Loyalität von der Familie auf den Staat führen würde. ... [nach Li Huang] mussten traditionelle Bindungen, insbesondere an die Familie, aufgegeben werden, wenn sich in China Nationalismus entwickeln sollte.« (Chester C. Tan, *Chinese Political Thought in the Twentieth Century*, Seite 125, Seite 297).

   8. (Abschnitt 56) Ja, wir wissen, dass das Amerika des 19. Jahrhunderts seine Probleme hatte, und zwar schwerwiegende, aber der Kürze halber müssen wir uns mit vereinfachten Formulierungen ausdrücken.

   9. (Abschnitt 61) Wir lassen die »Unterschicht« beiseite. Wir sprechen vom Mainstream.

   10. (Abschnitt 62) Einige Sozialwissenschaftler, Pädagogen, Fachleute für »psychische Gesundheit« und dergleichen tun ihr Bestes, um die sozialen Triebe in Gruppe 1 zu drängen, indem sie versuchen, dafür zu sorgen, dass jeder ein zufriedenstellendes Sozialleben hat.

   11. (Abschnitt 63, 82) Ist der Drang nach endlosem materiellen Erwerb wirklich eine künstliche Schöpfung der Werbe- und Marketingindustrie? Sicherlich gibt es keinen angeborenen menschlichen Drang

zum materiellen Erwerb. Es gab viele Kulturen, in denen die Menschen nur wenig materiellen Reichtum begehrten, der über das hinausging, was zur Befriedigung ihrer grundlegenden physischen Bedürfnisse notwendig war (australische Ureinwohner, traditionelle mexikanische Bauernkultur, einige afrikanische Kulturen). Andererseits gab es auch viele vorindustrielle Kulturen, in denen der materielle Erwerb eine wichtige Rolle gespielt hat. Wir können also nicht behaupten, dass die heutige erwerbsorientierte Kultur ausschließlich eine Erfindung der Werbe- und Marketingindustrie ist. Aber es ist klar, dass die Werbe- und Marketingindustrie eine wichtige Rolle bei der Schaffung dieser Kultur gespielt hat. Die großen Unternehmen, die Millionen für Werbung ausgeben, würden nicht so viel Geld ausgeben, wenn sie nicht einen soliden Beweis dafür hätten, dass sie es in Form von höheren Umsätzen zurückbekommen. Ein Mitglied von FC traf vor ein paar Jahren einen Verkaufsleiter, der ihm ganz offen sagte: »Unsere Aufgabe ist es, die Leute dazu zu bringen, Dinge zu kaufen, die sie nicht wollen und nicht brauchen.« Er beschrieb dann, wie ein ungeschulter Anfänger den Leuten die Fakten über ein Produkt darlegen und überhaupt keine Verkäufe tätigen konnte, während ein geschulter und erfahrener professioneller Verkäufer bei denselben Leuten viele Verkäufe tätigen konnte. Dies zeigt, dass Menschen manipuliert werden, damit sie Dinge kaufen, die sie eigentlich gar nicht wollen.

12. (Abschnitt 64) Das Problem der Ziellosigkeit scheint in den letzten ca. 15 Jahren [gemeint sind die 15 Jahre vor 1995] weniger gravierend geworden zu sein, weil sich die Menschen heute physisch und wirtschaftlich weniger sicher fühlen als früher, und das Bedürfnis nach Sicherheit ihnen ein Ziel gibt. An die Stelle der Ziellosigkeit ist jedoch die Frustration über die Schwierigkeit, Sicherheit zu erlangen, getreten. Wir betonen das Problem der Ziellosigkeit, weil die Linken unsere gesellschaftlichen Probleme dadurch lösen wollen, dass die Gesellschaft die Sicherheit aller garantiert; aber wenn das möglich wäre, würde das nur das Problem der Ziellosigkeit zurückbringen. Das eigentliche Pro-

blem ist nicht, ob die Gesellschaft gut oder schlecht für die Sicherheit der Menschen sorgt; das Problem ist, dass die Menschen in Bezug auf ihre Sicherheit vom System abhängig sind, anstatt sie selbst in der Hand zu haben. Das ist übrigens einer der Gründe, warum einige Leute so emotional sind in Bezug auf das Recht, Waffen zu tragen; der Besitz einer Waffe legt diesen Aspekt ihrer Sicherheit in ihre eigenen Hände.

13. (Abschnitt 66) Die Bemühungen der Konservativen, das Ausmaß staatlicher Regulierung zu verringern, sind für den Durchschnittsbürger von geringem Nutzen. Zum einen kann nur ein Bruchteil der Vorschriften abgeschafft werden, da die meisten Vorschriften notwendig sind. Zum anderen betrifft der größte Teil der Deregulierung eher die Wirtschaft als den Durchschnittsbürger, so dass der Haupteffekt darin besteht, der Regierung die Macht zu entziehen und sie an private Unternehmen zu übertragen. Für den Durchschnittsbürger bedeutet dies, dass die Einmischung der Regierung in sein Leben durch die Einmischung großer Unternehmen ersetzt wird, denen es beispielsweise gestattet wird, mehr Chemikalien abzuladen, die in seine Wasserversorgung gelangen und bei ihm Krebs verursachen können. Die Konservativen halten den Durchschnittsbürger für blöd und nutzen seine Abneigung gegen Big Government aus, um die Macht der Großunternehmen zu fördern.

14. (Abschnitt 73, 114, 131, 153) Wenn jemand den Zweck, zu dem Propaganda in einem bestimmten Fall eingesetzt wird, gutheißt, nennt er sie im Allgemeinen »Bildung« oder wendet einen ähnlichen Euphemismus darauf an. Aber Propaganda ist Propaganda, unabhängig von dem Zweck, zu dem sie eingesetzt wird.

15. (Abschnitt 83) Wir äußern uns weder zustimmend noch ablehnend zur Panama-Invasion. Wir verwenden sie nur zur Veranschaulichung.

16. (Abschnitt 95) Als die amerikanischen Kolonien unter britischer Herrschaft standen, gab es weniger und unwirksamere rechtliche Garantien für die Freiheit als nach Inkrafttreten der amerikanischen Ver-

fassung, und dennoch gab es im vorindustriellen Amerika sowohl vor als auch nach dem Unabhängigkeitskrieg mehr persönliche Freiheit als nach dem Einsetzen der industriellen Revolution in diesem Land. Wir zitieren aus Violence in America: Historical and Comparative Perspectives, herausgegeben von Hugh Davis Graham und Ted Robert Gurr, Kapitel 12 von Roger Lane, Seiten 476-478: »Die fortschreitende Verschärfung der Anstandsnormen und damit das zunehmende Vertrauen in die offizielle Strafverfolgung [im Amerika des 19. Jahrhunderts]... waren der gesamten Gesellschaft gemeinsam... [D]er Wandel im sozialen Verhalten ist so langfristig und so weit verbreitet, dass er einen Zusammenhang mit dem grundlegendsten aller zeitgenössischen sozialen Prozesse nahelegt: der industriellen Urbanisierung selbst. ... Massachusetts hatte 1835 eine Bevölkerung von etwa 660.940 Einwohnern, die zu 81 Prozent auf dem Lande lebten, überwiegend vorindustriell geprägt waren und von Einheimischen abstammten. Seine Bürger waren an ein hohes Maß an persönlicher Freiheit gewöhnt. Ob Fuhrleute, Landwirte oder Handwerker, sie alle waren daran gewöhnt, ihren Zeitplan selbst festzulegen, und die Art ihrer Arbeit machte sie physisch unabhängig voneinander. ...Individuelle Probleme, Sünden oder sogar Verbrechen waren in der Regel kein Grund für eine breitere gesellschaftliche Besorgnis. ...Doch die Auswirkungen der beiden Bewegungen in die Stadt und in die Fabrik, die beide 1835 gerade erst an Kraft gewannen, wirkten sich während des gesamten 19. und bis ins 20. Jahrhundert hinein auf das persönliche Verhalten aus. Die Fabrik verlangte ein regelmäßiges Verhalten, ein Leben, das vom Gehorsam gegenüber dem Rhythmus der Uhr und des Kalenders, den Forderungen der Vorarbeiter und Aufseher bestimmt wurde. In der Stadt hemmten die Erfordernisse des Lebens in dicht gedrängten Wohnvierteln viele Handlungen, die zuvor unbedenklich waren. Sowohl Arbeiter als auch Büroangestellte in größeren Betrieben waren gegenseitig von ihren Kollegen abhängig; so wie sich die Arbeit des einen in die des anderen einfügte, so war auch das Geschäft des einen nicht mehr sein eigenes. Die Ergebnisse der neuen Lebens- und Arbeitsorganisation waren im Jahr 1900 sichtbar, als etwa 76 Prozent der 2.805.346 Einwohner von Massachusetts als Städter eingestuft wurden. Viele gewalttätige oder irreguläre Verhaltensweisen, die in einer lockeren, unabhängigen Gesellschaft noch tolerierbar gewesen waren, wurden in der stärker formalisierten, kooperativen Atmosphäre der späteren Zeit nicht mehr akzeptiert. ...Der Umzug in die Städte hatte, kurz gesagt, eine gefügigere, sozialisiertere, ›zivilisiertere‹ Generation als ihre Vorgänger hervorgebracht.«

17. (Abschnitt 117) Die Befürworter des Systems berufen sich gern auf Fälle, in denen Wahlen mit einer oder zwei Stimmen entschieden wurden, aber solche Fälle sind selten.

18. (Abschnitt 119) »Heute leben die Menschen in technologisch fortgeschrittenen Ländern trotz geographischer, religiöser und politischer Unterschiede ein sehr ähnliches Leben. Das tägliche Leben eines christlichen Bankangestellten in Chicago, eines buddhistischen Bankangestellten in Tokio und eines kommunistischen Bankangestellten in Moskau ist sich weitaus ähnlicher als dem eines einzelnen Menschen, der vor tausend Jahren lebte. Diese Ähnlichkeiten sind das Ergebnis einer gemeinsamen Technologie... .« L. Sprague De Camp, The Ancient Engineers, Ballantine-Ausgabe, Seite 17. Die Leben der drei Bankangestellten sind nicht identisch. Ideologie hat eine gewisse Wirkung. Aber alle technologischen Gesellschaften müssen sich, um zu überleben, in etwa nach dem gleichen Muster entwickeln.

19. (Abschnitt 123) Überlegen Sie nur, ein unverantwortlicher Gentechniker könnte eine Menge Terroristen hervorbringen.

20. (Abschnitt 124) Ein weiteres Beispiel für die unerwünschten Folgen des medizinischen Fortschritts: Nehmen wir an, es wird ein zuverlässiges Heilmittel für Krebs entdeckt. Selbst wenn die Behandlung zu teuer ist, um jemandem außer der Elite zur Verfügung zu stehen, wird sie deren Anreiz, das Entweichen von Karzinogenen in die Umwelt zu verhindern, stark verringern.

21. (Abschnitt 128) Da viele Menschen die Vorstellung, dass sich eine große Anzahl guter Dinge zu einer schlechten Sache summieren kann, als paradox empfinden mögen, veranschaulichen wir dies mit einer Analogie. Angenommen, Herr A spielt Schach mit Herrn B. Herr C, ein Schachgroßmeister, schaut Herrn A über die Schulter. Herr A möchte natürlich sein Spiel gewinnen, und wenn Herr C ihm einen guten Zug vorschlägt, tut er Herrn A einen Gefallen. Aber nehmen wir an, dass Herr C Herrn A sagt, wie er alle seine Züge machen soll. In jedem einzelnen Fall tut er Herrn A einen Gefallen, indem er ihm seinen besten Zug zeigt, aber indem er alle seine Züge für ihn macht, verdirbt er sein Spiel, da es für Herrn A keinen Sinn hat, das Spiel überhaupt zu spielen, wenn jemand anderes alle seine Züge macht. Die Situation des modernen Menschen ist analog zu der von Herrn A. Das System macht dem Einzelnen das Leben auf unzählige Arten leichter, aber es nimmt ihm dabei die Kontrolle über sein eigenes Schicksal ab.

22. (Abschnitt 137) Wir betrachten hier nur den Wertekonflikt innerhalb des Mainstreams. Der Einfachheit halber lassen wir »Außenseiter«-Werte wie die Vorstellung, dass die wilde Natur wichtiger ist als das wirtschaftliche Wohlergehen des Menschen, aus dem Bild.

23. (Abschnitt 137) Eigeninteresse ist nicht unbedingt materielles Eigeninteresse. Es kann in der Befriedigung eines psychologischen Bedürfnisses bestehen, zum Beispiel in der Förderung der eigenen Ideologie oder Religion.

24. (Abschnitt 139) Eine Einschränkung: Es liegt im Interesse des Systems, in einigen Bereichen ein bestimmtes vorgeschriebenes Maß an Freiheit zuzulassen. So hat sich zum Beispiel die wirtschaftliche Freiheit (mit angemessenen Einschränkungen und Begrenzungen) als wirksam erwiesen, um das Wirtschaftswachstum zu fördern. Aber nur geplante, umschriebene, begrenzte Freiheit ist im Interesse des Systems. Das Individuum muss immer an der Leine gehalten werden, auch wenn die Leine manchmal lang ist. (Siehe Abschnitte 94, 97.)

25. (Abschnitt 143) Wir wollen nicht behaupten, dass die Effizienz oder das Überlebenspotenzial einer Gesellschaft immer umgekehrt proportional zum Ausmaß des Drucks oder der Unannehmlichkeiten war, denen die Gesellschaft die Menschen aussetzt. Das ist sicherlich nicht der Fall. Es gibt gute Gründe für die Annahme, dass viele primitive Gesellschaften die Menschen weniger Druck aussetzten als die europäische Gesellschaft, aber die europäische Gesellschaft erwies sich als weitaus effizienter als jede primitive Gesellschaft und siegte in Konflikten mit solchen Gesellschaften stets aufgrund der Vorteile, die die Technologie bot.

26. (Abschnitt 147) Wenn Sie glauben, dass eine effektivere Strafverfolgung eindeutig gut ist, weil sie die Kriminalität unterdrückt, dann bedenken Sie, dass Kriminalität, wie sie vom System definiert wird, nicht unbedingt das ist, was Sie als Kriminalität bezeichnen würden. Heute ist das Rauchen von Marihuana ein »Verbrechen«, und an einigen Orten in den USA auch der Besitz einer nicht registrierten Handfeuerwaffe. Morgen könnte der Besitz jeder Schusswaffe, ob registriert oder nicht, zu einem Verbrechen werden, und dasselbe könnte mit missbilligten Erziehungsmethoden, wie z. B. einem Klaps auf den Hintern, geschehen. In einigen Ländern ist die Äußerung abweichender politischer Meinungen ein Verbrechen, und es gibt keine Gewissheit, dass dies in den USA nie geschehen wird, da keine Verfassung und kein politisches System ewig Bestand hat. Wenn eine Gesellschaft einen großen, mächtigen Strafverfolgungsapparat braucht, dann stimmt mit dieser Gesellschaft etwas nicht; sie muss die Menschen starkem Druck aussetzen, wenn so viele sich weigern, die Regeln zu befolgen, oder sie nur befolgen, weil sie dazu gezwungen werden. Viele Gesellschaften sind in der Vergangenheit mit wenig oder gar keiner formellen Strafverfolgung ausgekommen.

27. (Abschnitt 151) Sicherlich gab es in früheren Gesellschaften Mittel zur Beeinflussung des menschlichen Verhaltens, aber diese waren primitiv und von geringer Wirksamkeit im Vergleich zu den technolo-

gischen Mitteln, die jetzt entwickelt werden.

28. (Abschnitt 152) Einige Psychologen haben jedoch öffentlich Meinungen geäußert, die ihre Verachtung für die menschliche Freiheit erkennen lassen. Und der Mathematiker Claude Shannon wurde in *Omni* (August 1987) mit den Worten zitiert: »Ich stelle mir eine Zeit vor, in der wir für Roboter das sein werden, was Hunde für Menschen sind, und ich drücke den Maschinen die Daumen.«

29. (Abschnitt 154) Das ist keine Science-Fiction! Nachdem wir Abschnitt 154 geschrieben hatten, stießen wir auf einen Artikel im Scientific American, demzufolge Wissenschaftler aktiv Techniken zur Identifizierung möglicher zukünftiger Straftäter und zu deren Behandlung durch eine Kombination biologischer und psychologischer Mittel entwickeln. Einige Wissenschaftler befürworten eine verpflichtende Anwendung der Behandlung, die in naher Zukunft verfügbar sein könnte. (Siehe »Seeking the Criminal Element« von W.Wayt Gibbs, Scientific American, März 1995.) Vielleicht finden Sie das in Ordnung, weil die Behandlung auf diejenigen angewandt würde, die zu Gewaltverbrechern werden könnten. Aber das ist natürlich noch nicht alles. Als Nächstes werden diejenigen behandelt, die sich möglicherweise betrunken ans Steuer setzen werden (auch sie gefährden Menschenleben), dann vielleicht Menschen, die ihren Kindern den Hintern versohlen, dann Umweltschützer, die Holzfälleranlagen sabotieren, und schließlich alle, deren Verhalten dem System nicht passt.

30. (Abschnitt 184) Ein weiterer Vorteil der Natur als Gegenideal zur Technologie besteht darin, dass die Natur bei vielen Menschen die Art von Ehrfurcht hervorruft, die mit der Religion verbunden ist, so dass die Natur vielleicht auf einer religiösen Grundlage idealisiert werden könnte. Es stimmt, dass die Religion in vielen Gesellschaften als Stütze und Rechtfertigung für die etablierte Ordnung gedient hat, aber es stimmt auch, dass die Religion oft eine Grundlage für Rebellion geboten hat. Daher kann es sinnvoll sein, ein religiöses Element in die Rebellion gegen die Technologie einzubringen, zumal die westliche

Gesellschaft heute keine starke religiöse Grundlage hat. Religion wird heutzutage entweder als billige und durchsichtige Unterstützung für engstirnigen, kurzsichtigen Egoismus benutzt (einige Konservative benutzen sie auf diese Weise), oder sie wird sogar zynisch ausgenutzt, um leichtes Geld zu verdienen (von vielen Evangelikalen), oder sie ist zu grobem Irrationalismus verkommen (fundamentalistische protestantische Splittergruppen, »Sekten«), oder sie stagniert einfach (Katholizismus, Mainline-Protestantismus). Das, was einer starken, weit verbreiteten, dynamischen Religion am nächsten kommt, war in jüngster Zeit die Quasi-Religion der Linken, aber die Linke ist heute zersplittert und hat kein klares, einheitliches, inspirierendes Ziel. Es gibt also ein religiöses Vakuum in unserer Gesellschaft, das vielleicht durch eine Religion gefüllt werden könnte, die sich auf die Natur im Gegensatz zur Technologie konzentriert. Es wäre jedoch ein Fehler zu versuchen, künstlich eine Religion zu erfinden, die diese Rolle ausfüllt. Eine solche erfundene Religion wäre wahrscheinlich ein Fehlschlag. Nehmen wir zum Beispiel die »Gaia«-Religion. Glauben ihre Anhänger wirklich daran oder spielen sie nur Theater? Wenn sie nur schauspielern, wird ihre Religion am Ende ein Flop sein. Es ist wahrscheinlich am besten, nicht zu versuchen, Religion in den Konflikt zwischen Natur und Technologie einzubringen, es sei denn, man glaubt selbst wirklich an diese Religion und stellt fest, dass sie bei vielen anderen Menschen eine tiefe, starke, echte Reaktion hervorruft.

31. (Abschnitt 189) Angenommen, es kommt zu einem solchen finalen Vorstoß. Es ist denkbar, dass das industrielle System in einer eher schrittweisen oder stückweisen Weise beseitigt wird. (Siehe Abschnitte 4, 167 und Anmerkung 32.)

32. (Abschnitt 193) Es ist sogar (entfernt) denkbar, dass die Revolution nur in einem massiven Wandel der Einstellung zur Technologie besteht, der zu einem relativ allmählichen und schmerzlosen Zerfall des industriellen Systems führt. Aber wenn dies geschieht, haben wir großes Glück. Viel wahrscheinlicher ist, dass der Übergang zu einer nicht-

technologischen Gesellschaft sehr schwierig und voller Konflikte und Katastrophen sein wird.

33. (Abschnitt 195) Die wirtschaftliche und technologische Struktur einer Gesellschaft ist für die Art und Weise, wie der Durchschnittsmensch lebt, viel wichtiger als ihre politische Struktur. (Siehe Abschnitte 95, 119 und Anmerkungen 16, 18.)

34. (Abschnitt 215) Diese Aussage bezieht sich auf unsere besondere Form des Anarchismus. Eine Vielzahl von gesellschaftlichen Einstellungen wurde als »anarchistisch« bezeichnet, und es mag sein, dass viele, die sich selbst als Anarchisten betrachten, unsere Ausführung in Abschnitt 215 nicht akzeptieren würden. Im Übrigen sei darauf hingewiesen, dass es eine gewaltfreie anarchistische Bewegung gibt, deren Mitglieder FC wahrscheinlich nicht als anarchistisch akzeptieren würden und die gewaltsamen Methoden von FC sicherlich nicht gutheißen würden.

35. (Abschnitt 219) Viele Linke sind auch durch Feindseligkeit motiviert, aber die Feindseligkeit resultiert wahrscheinlich zum Teil aus einem frustrierten Bedürfnis nach Macht.

36. (Abschnitt 229) Es ist wichtig zu verstehen, dass wir jemanden meinen, der mit diesen Bewegungen, wie sie heute in unserer Gesellschaft existieren, sympathisiert. Jemand, der glaubt, dass Frauen, Homosexuelle usw. gleiche Rechte haben sollten, ist nicht unbedingt ein Linker. Die Bewegungen der Feministinnen, der Homosexuellen usw., die in unserer Gesellschaft existieren, haben den besonderen ideologischen Ton, der die Linke charakterisiert, und wenn man zum Beispiel glaubt, dass Frauen gleiche Rechte haben sollten, folgt daraus nicht unbedingt, dass man mit der feministischen Bewegung, wie sie heute existiert, sympathisieren muss.